TOULOUSE
de A à Z

Laurence Catinot-Crost
Photographies de Guillaume Crost

ALAN
SUTTON

Avertissement au lecteur

Ce livre est un petit dictionnaire raisonné. Ses entrées de A à Z ont été soigneusement choisies par l'auteur en fonction de l'intérêt qu'elles pouvaient représenter aux yeux des habitants : anecdotes, détails méconnus ou surprenants, grands sujets tant de fois commentés et jamais épuisés.

Collection dirigée par Hervé Chirault.

Editions Alan Sutton
8, rue du Docteur Ramon
BP 90600
37542 Saint-Cyr-sur-Loire Cedex

Première édition 1er trimestre 2011
© Editions Alan Sutton 2011
Tous droits réservés. Crédit photographique, droits réservés pour les ayants droit non identifiés.

En vertu de la loi n° 92-597 du 1er juillet 1992 portant création du code de la propriété intellectuelle, l'auteur d'une œuvre de l'esprit jouit sur cette œuvre, du seul fait de sa création, d'un droit de propriété intellectuelle exclusif et opposable à tous (1re partie, art. L. 111-1). Par ailleurs, toute reproduction intégrale ou partielle faite sans le consentement de l'auteur ou de ses ayants droit ou ayants cause est illicite. Il en est de même pour la traduction, l'adaptation ou la transformation, l'arrangement ou la reproduction par un art ou un procédé quelconque (art. L. 122-4). Toute édition ou reproduction d'une œuvre de l'esprit faite en violation des droits de l'auteur, tels que-définis par la loi, est un délit de contrefaçon puni d'un emprisonnement et d'une amende (art.-L.-335-1 à 3). La copie strictement réservée à l'usage privé de la personne qui la réalise est autorisée, ainsi que les analyses et les courtes citations, sous réserve de la mention d'éléments suffisants d'identification de la source (art. L. 211-3).

ISBN 978-2-8138-0304-7
ISSN 1773-6951

Dépôt légal : 1er trimestre 2011
Imprimé en France

Sommaire

Affaire Calas - « Il vaut mieux hasarder de sauver un coupable que de condamner un innocent » *(Voltaire)* — 9
Belle Paule - « Souvent femme varie et bien fol qui s'y fie » *(François Ier)* — 13
Capitole et capitouls - « Lex est quod notamus » *(Ce que nous écrivons fait loi)* — 16
Déambulations - Remontons les sentes du temps — 23
Esprit - Quelques lieux de culte — 31
Folie - Vent de... — 40
Gastronomie - « Lo què bèstia à taula, es bèstia pertot » *(Celui qui est bête à table, l'est partout)* — 45
Histoire - « Toulouse! Toulouse! Montjoie! » — 50
Incontournables - « Angulus ridet » *(Ce coin de terre me sourit)* — 58
Jaurès - Initiales J. J. — 63
Kaléidoscope - « Toulouse [...] comme pour donner un baiser » *(Dominique Baudis)* — 65
Latécoère - Les ailes de Toulouse — 69
Musées toulousains - Toulouse, ville d'art — 72
Notoriétés - « La célébrité, c'est l'avantage d'être connu de ceux qui ne vous connaissent pas » *(Chamfort)* — 78
Oc, occitan - « Vous pouvez arracher l'homme du pays, mais vous ne pouvez pas arracher le pays du cœur de l'homme. » *(John Dos Passos)* — 85
Pédauque - « Patte d'oie » — 89
QI - « De omni re scibili, et quibusdam aliis » *(De toutes les choses qu'on peut savoir, et même de plusieurs autres)* — 91
Riquet - Histoire d'eau — 94
Stade Toulousain - Une institution — 97
Toulousaine - « O Toulouse! » — 101
Urbanisation - « Construire, c'est collaborer avec la terre, c'est mettre une marque humaine à un paysage, qui en sera modifié à jamais. » *(M. Yourcenar)* — 105
Violettes - Violas parmensis — 113
Wagons - ... en tous genres — 116
X - Qui suis-je? — 118
Yearling - De La Cépière et de son hippodrome... — 120
Zinc - Cafés, bars... — 122
Du même auteur — 125
Sources et bibliographie — 127

*J'exprime toute ma reconnaissance
à Michel Beaux et Guillaume Crost.*

« Ma cité voluptueuse
Où la gitane amoureuse
Marche, portant droit ses seins,
Quand je la vois, je te presse
Contre moi, brune maîtresse,
D'un amour que rien n'éteint.

Du fronton de la Daurade
Au clocher de la Dalbade,
J'ai connu trop de soirs d'or,
Mais la lumière mourante
D'une automne déclinante
Me rend doux même la mort.

D'un de tes soirs magnifiques
Sur les hautes tours de briques
Enivre longtemps mes yeux
Et que la mort me ramène,
Ville française et romaine
Sous tes cyprès et tes cieux. »

Ode aux quais de Toulouse (extrait), Marc Lafargue (1876-1927)

« Dans les brouillards légers, la ville aux briques d'or,
Avec ses dômes et ses tours, ses clochers roses,
S'éveille, dans l'aurore, ô fleuve, sur ton bord,
Où tes eaux dans les quais de brique se reposent.

Et, du côté du sud, c'est l'immense horizon,
Les gorges et les pics d'azur des Pyrénées
Qui dominent la plaine bleue et la moisson
De ses glaciers lointains, Garonne, où tu es née. »

Le Fleuve (extrait), Marc Lafargue (1876-1927).

« O ville pourpre, où les murailles lumineuses,
Etincelant sous le splendide azur d'été,
Réfractent sur les eaux pures ou limoneuses,
Au bord du fleuve large une rose clarté ;

Encore un soir ! Je quitterai ta vie heureuse,
Tes tours romanes, tes jardins, plus attristé
Que l'amant dont la chair vibrante et douloureuse
Implore sans espoir l'unique volupté !

Car je t'aimais ainsi qu'une belle maîtresse
O ville glorieuse, et de mes mains je tresse
Cette offrande à ton front inondé de parfum.

Tu m'as donné le rêve ardent et nostalgique ;
Tes femmes ont l'orgueil de notre race antique
Et les lauriers en fleurs l'odeur des cheveux bruns. »

A Toulouse, Emmanuel Delbousquet (1874-1909).

« Un torrent de cailloux roule dans ton accent
Ta violence bouillonne jusque dans tes violettes
On se traite de con à peine qu'on se traite
Il y a de l'orage dans l'air... [...]
O mon païs, ô Toulouse. »

Toulouse (extrait), Claude Nougaro (1929-2004).

Affaire Calas

« Il vaut mieux hasarder de sauver un coupable que de condamner un innocent » *(Voltaire)*

L'affaire Calas, de sinistre mémoire, ébranla Toulouse et fit trembler le royaume de France.

Dans la nuit du 12 au 13 octobre 1761, le corps de Marc-Antoine Calas fut découvert dans l'arrière-boutique de son père, le marchand linger Jean Calas, protestant convaincu. Le jeune homme semblait avoir été étranglé. Marc-Antoine, attiré depuis peu par le catholicisme, essuyait le désaveu de ses parents. Il n'en fallut pas plus à l'opinion publique pour accuser le père d'avoir tué son fils.

Jean Calas, fils d'un apothicaire, était né le 9 mars 1698 à Lacabrède (près de Castres). Il avait épousé, le 19 octobre 1731, Anne-Rose Cabibel, dont la mère était apparentée à la maison de Montesquiou. Leur fils aîné, Marc-Antoine, vint au monde le 5 novembre 1732. Pierre, Louis, Donat, Anne et Anne-Rose complétèrent la fratrie. En 1756, Louis Calas se convertit au catholicisme et quitta sa famille. Marc-Antoine, quant à lui, bachelier en droit depuis le 18 mai 1759, ne pouvait obtenir des autorités ecclésiastiques le certificat nécessaire à la soutenance des actes de licence et s'en trouvait fort aigri. La *vox populi* le disait en opposition avec son père.

Au cœur du vieux Toulouse.

Mystérieuse porte ouvrant sur un coquet jardin pourvu d'une chartreuse.

Que se passa-t-il au logis des Calas ?

Quel drame se joua derrière les murs de la maison Calas ?

Aux dires des témoins, le corps de Marc-Antoine Calas fut trouvé étendu sur le sol en travers de la porte à deux vantaux séparant le magasin de l'arrière-boutique. Pierre, son frère, fit quérir un chirurgien par Gaubert Lavaysse, invité de la famille, tandis que madame Calas tentait de réanimer son fils. Gorsse ouvrit le col de chemise et détacha une cravate noire à boucle de métal entourant le cou de la victime. A n'en pas douter, Marc-Antoine avait été étranglé. A 23 h 30 arriva David de Beaudrigue, chef du consistoire (le conseil des Capitouls), accompagné de « *sa main forte, du guet et de son assesseur* ». Il constate que le corps a été déplacé, « *maquillé* » avec une cravate placée après le décès pour cacher l'empreinte d'une corde. Maquillage qui aurait bien pu être fait par des membres de la famille… De la foule massée devant la boutique fuse une accusation : « *Une voix criant que le sieur Calas avait lui-même tué son fils en haine de ce qu'il devait le lendemain faire une abjuration publique.* » Après examen du corps, le rapport des médecins mentionna : « *Il a rendu de la morve et de la bave par le nez et par la bouche, et ayant la face livide, ce qui nous a fait juger qu'il a été pendu encore vivant, ou par lui-même ou par d'autres, avec une corde double qui s'est divisée sur les parties latérales du col et y a formé les deux branches livides que nous avons dites y avoir observées.* »

Coup de théâtre le 15 octobre : les Calas reconnaissent avoir menti pour éviter le traitement infamant réservé aux suicidés. Marc-Antoine était pendu à une corde, Jean Calas a pris le corps de son fils tandis que Pierre, ou Gaubert Lavaysse, coupait le lien. Les Calas sont aussitôt écroués ; la domestique Jeanne Viguière et Lavaysse de même. Après les interrogatoires, l'hypothèse du suicide est écartée et la culpabilité de Calas évoquée. C'était compter sans l'Eglise catholique qui s'empara de l'affaire. Marc-Antoine, considéré comme un nouveau converti victime de la haine calviniste, bénéficia de spectaculaires funérailles en présence de 47 ecclésiastiques. Les esprits surchauffaient.

Le parlement de Toulouse nomma monsieur de Cassan-Clairac conseiller-rapporteur. Il se dit convaincu de la culpabilité de Calas (28 février 1762). Victime d'un procès partial et tendancieux empreint du climat d'intolérance religieuse du moment, Calas fut déclaré coupable, condamné au supplice de la roue et à la torture (9 mars). Conduit devant le portail de l'église Saint-Etienne, il proclama à nouveau son innocence *« avec une fermeté inconcevable »*. Il ne fut pas entendu. Place Saint-Georges, le bourreau plaça le malheureux sur une croix de Saint-André, lui brisa les membres et le déposa sur la roue *« face tournée vers le ciel, pour y vivre en repentance de ses crimes et méfaits et servir d'exemple et donner de la terreur aux méchants »*. Deux heures plus tard, le bourreau étrangla Calas et jeta son corps sur un bûcher.

Pierre Calas fut condamné au bannissement (18 mars 1762). Madame Anne-Rose Calas, Jeanne Viguière et Gaubert Lavaysse furent acquittés; Anne et Anne-Rose Calas enfermées dans un couvent, les biens de la famille confisqués.

Le Toulousain Barthès notait dans son journal : *« Cet homme huguenot d'origine et protestant obstiné, s'il en fut jamais […] a souffert le supplice avec une constance prodigieuse et n'a jamais voulu se rendre aux saintes remontrances du R.P. Bourges, professeur dominicain, et d'un autre Père, son adjoint, qui, depuis les quatre heures du matin jusqu'à six heures du soir, n'ont cessé de lui persuader de sauver son âme en ouvrant les yeux à la lumière de la vérité, qui ne peut se trouver que dans le sein de l'Eglise catholique. […] Il est mort dans la réprobation comme nous devons le croire, et n'en a pas moins subi le supplice auquel il a été condamné, à la vue d'un peuple innombrable, même des gens de la campagne venus exprès dans cette ville pour voir mourir un père, qui faisant une insigne violence à la nature, n'a pas eu horreur d'étrangler son propre fils. »*

Voltaire saisit la balle au bond, il prit la défense de Calas. Désireux de saper l'autorité des parlements et de fustiger la religion et ses fanatismes, il écrivit à d'Alembert : *« Ces mémoires ne sont faits que pour préparer les esprits et avoir le plaisir de rendre un parlement et des Pénitents blancs exécrables et ridicules. […] Protégez, mon frère, tant que vous pourrez la veuve Calas. C'est une huguenote imbécile, mais son mari a été victime des Pénitents blancs. Il importe au genre humain que les fanatiques soient confondus ! »*

Sa correspondance est édifiante : *« Loin de croire la famille Calas fanatique et parricide, je crus voir que c'étaient les fanatiques qui l'avaient accusée et perdue. Je savais depuis longtemps de quoi l'esprit de parti et la calomnie sont capables. »* (1765) *« Les Calas étaient très innocents, cela est démontré ; mais ils s'étaient contredits. Ils avaient été assez imbéciles pour vouloir sauver d'abord le prétendu honneur de Marc-Antoine leur fils et pour dire qu'il était mort d'apoplexie, lorsqu'il était évident qu'il s'était défait lui-même. »* (1769)

Suite à la virulente campagne menée par Voltaire qui traite les membres du parlement de *« cannibales »*, le jugement fut cassé. Calas fut réhabilité le 9 mars 1765 par le parlement de Paris.

Saura-t-on jamais qui a « suicidé » Marc-Antoine Calas ?

La maison de Jean Calas est sise au numéro 50 de la rue des Filatiers.

Belle Paule

« Souvent femme varie et bien fol qui s'y fie » *(François Ier)*

Après le désastre de Pavie, au matin du 24 février 1525, le roi François Ier fut capturé et emmené prisonnier. Libéré après le traité de Madrid (14 janvier 1526), il revint en France le 17 mars 1526, laissant ses deux fils comme otages. Selon sa promesse, il vint à Toulouse se recueillir à Saint-Sernin le 30 juillet 1533. Il fut reçu en l'hôtel particulier de Jean de Bernuy qui s'était porté garant de sa rançon. La cité lui fit fête. Les célébrations se succédèrent. La province déroula ses fastes. Gabrielle de Viguier, appartenant à la famille de Lancefoc, pressentie pour l'occasion, mit sa fille à l'honneur. La jeune fille fut désignée pour accueillir le roi et réciter une harangue poétique.

Paule de Viguier (1518-1607), vêtue en nymphe, remit les clefs de Toulouse au monarque (1er août 1533). Charmé par cette apparition, le roi ne cessa de se

« Je te rêve accoudée, pensive à ta fenêtre, ô Belle Paule… »

référer à « la Belle Paule » car « elle réunissait en sa personne les plus charmantes qualités et la beauté la plus parfaite ». Catherine de Médicis, elle aussi, devait se souvenir longtemps de Paule de Viguier. En 1563, elle manifestait encore son admiration pour elle. Fort gênée par les regards admiratifs de ses compatriotes ne cessant de lui rappeler les louanges royales, Paule décida de demeurer cloîtrée en sa demeure, 7 rue Temponières, et de sortir la tête voilée. Les Toulousains ne l'entendirent pas ainsi. Les capitouls lui intentèrent un procès. Un arrêt lui intima l'ordre de paraître à sa fenêtre une fois par semaine, puis deux fois par jour, à visage découvert. Le mariage devait mettre fin à ce supplice… Hélas, pour plaire à sa famille, Paule fut contrainte d'épouser un baron du parlement, le sire de Baynaguet. Celui-ci eut l'heureux avantage de la laisser veuve et riche. Elle se remaria avec Philippe de La Roche, baron de Fontenille, son cousin et premier amour de jeunesse. Le destin la priva d'un fils dont elle perpétua le souvenir grâce à la poésie. Mécène des artistes toulousains de la Renaissance, la Belle Paule accueillait, en sa demeure, poètes, écrivains, chanteurs et musiciens. Elle était âgée lorsque son cousin Gabriel de Minut (1520-1587), inconditionnel admirateur, écrivit *De la beauté ou de ce qui est beau* suivi de *La Paulégraphie ou Description des beautés d'une dame tholosane nommée la Belle Paule* publié à Lyon en 1587.

La Belle Paule fut enterrée aux Augustins, en 1607, dans le tombeau des Lancefoc. Une toile d'Henri Rachou rend hommage à sa beauté (salle des Illustres du Capitole). Le numéro 16 de la rue de Languedoc est occupé par l'hôtel de Rabaudy de Paucy, appelé « Maison de la Belle Paule ». La construction du XVIe siècle mérite attention. Sa façade de brique fut refaite après 1695.

On la dit ville rose…

Soir d'or sur la cité des violettes.

La Belle Paule

« Je te rêve, accoudée sur un balcon de fer,
Pensive, ô belle Paule,
Quand le peuple venait, nombreux comme la mer,
Voir pencher ton épaule.
Le bruit de tes vertus, tes grâces négligées
Exerçaient un pouvoir
Tel que les capitouls t'avaient même obligée
A te montrer le soir
A l'heure où l'angélus sonnait à Saint-Sernin […] »

Poème de Maurice Magre (1877-1941), poète toulousain.

Capitole et capitouls
« Lex est quod notamus »
(Ce que nous écrivons fait loi)

Le comte de Toulouse Raymond VII accorda en 1243 aux Toulousains le droit de nommer 24 magistrats chargés d'administrer et régir la ville. Ces consuls prirent le nom de « seigneurs du chapitre », *capitouls* en occitan. Ils décidèrent en tout premier lieu que tous les esclaves, les proscrits, les réfugiés, les bannis pénétrant en ville deviendraient de fait *« francs et quittes »*. Ce droit d'asile fut contesté par le roi Charles VII et le roi d'Aragon. En vain. *« Toulouse a été libre, de plein droit, et le sera sans fin, si elle est juste et pieuse, elle sera toujours populeuse. Toulouse est fière des douze consuls qui la gouvernent, justes, pieux et pleins de force »*, rappellent les capitouls en 1295. *Les Annales manuscrites* consignent tous les actes administratifs, les noms des capitouls et une chronique annuelle jusqu'en 1787.

Le roi de France Philippe le Hardi ramena à 12 le nombre des capitouls. Charles VII opta pour 8 capitouls. Le 25 novembre de chaque année, fête de

Cour intérieure, dite cour Henri IV. Capitole.

Le balcon du Capitole.

La façade du Capitole.

sainte Catherine, et ce jusqu'à la Révolution, 48 postulants espéraient être élus au tirage au sort par les membres sortants.

Le Commun conseil de la cité et du bourg de Toulouse, constitué en 1150, souhaitant regrouper ses organes municipaux, les consuls achetèrent en octobre 1190 un terrain et deux bâtisses mitoyennes à l'ancien rempart gallo-romain, près de la tour Charlemagne, entre le bourg et la cité. Ils acquirent la tour Charlemagne en 1202. Elle servit de prison jusqu'à la Révolution et fut détruite en 1873. La façade du Capitole, édifiée par G. Cammas (1750-1760), est dominée par un fronton couronné des statues représentant la Force et la Justice. Huit colonnes de marbre rose symbolisent les capitouls. L'aile nord s'orne des statues de Clémence Isaure et Pallas. L'aile sud abrite le théâtre, gardé par les statues de la Comédie et

de la Tragédie. Les balcons de ferronnerie, créés par Bernard Ortet, portent les blasons des capitouls.

Les galeries nord sont édifiées (1602-1605) puis le côté sud (1603-1606). La cour intérieure, dite cour Henri IV (achevée en 1607), est délimitée par deux corps de bâtiments. Une niche, entourée par les blasons des capitouls de 1607, sert d'écrin à la statue en marbre blanc, vert et noir du « bon roi Henri », due à Thomas Hurtamat. La statue du Vert Galant surmonte une porte Renaissance pensée par Nicolas Bachelier en 1546. Elle arbore fièrement la devise : « *Hic Themis dat jura civibus. Apollo flores camoenis. Minerva palmas artibus* » (Ici Themis donne les lois aux citoyens. Apollon donne les fleurs aux muses. Minerve les lauriers aux arts). La façade conçue par Jean-Pierre Rivalz est réalisée de 1674 à 1678. Deux statues de Pallas ornent l'architrave de la porte, une chouette et un agneau. Des niches abritaient les statues de sainte Catherine et sainte Lucie. Au sol, une plaque commémore l'exécution, le 30 octobre 1632, d'Henri, duc de Montmorency, gouverneur du Languedoc, qui conduisit la révolte contre Richelieu.

Plaque commémorant l'exécution du duc de Montmorency en 1632. Cour Henri IV du Capitole.

Un majestueux escalier conduit à la salle des Illustres. Il est orné d'une peinture de Jean-Paul Laurens : *Première Distribution des prix par la compagnie du Gai Savoir*. Les murs furent décorés par Laurens et ses fils Pierre et Paul-Albert : *Tournoi du XIVe siècle* (à l'entrée, à droite), *Raymond VI excommunié* (à l'entrée, à gauche. œuvre de René Ravault), *Apothéose de Clémence Isaure* (au plafond). Le buste de Jean Jaurès, au pied de l'escalier, est de P. Ducoing.

La salle des Illustres, inspirée de la galerie Farnèse de Rome, fut décorée entre 1892 et 1898. Les tableaux célèbrent les gloires locales : *La Belle Paule au balcon* (Henri Rachou), *La Défense de Toulouse contre Simon de Montfort et Le Lauragais* (J.-P. Laurens), *L'Entrée du général Dupuy au Caire* (Rixens), *L'Entrée à Toulouse du pape Urbain II en 1096* (Benjamin Constant), *La Fontaine de Jouvence*, *Les Artilleurs mobiles de Toulouse en 1871*, *La Poésie rencontre Toulouse et se fixe chez elle* (Destrem), *Minerve veillant sur Toulouse*, *Les Poètes du Gay Savoir* (H. Martin), *Clémence Isaure remet aux troubadours la charte des Jeux floraux* (H. Martin). Les plafonds voûtés peints de scènes allégoriques sont admirables. Parmi les douze bustes d'Illustres, on remarquera ceux de Pierre-Paul Riquet, du général d'Empire Caffarelli, Maran, Catel (historien), Dufaure de Saint-Jory, Cujas, Nicolas Bachelier, de Furgole (jurisconsulte), de Bastard,

Salle des Illustres. Le Capitole.

Pierre de Fermat. Magistrat, conseiller au parlement de Toulouse à partir de 1631, membre de la chambre de l'édit de Castres, Pierre de Fermat, né à Beaumont-de-Lomagne (1601-1665), fut un mathématicien de génie. Il contribua à la création de la géométrie analytique, du calcul infinitésimal et du calcul des probabilités. Il étudia les nombres entiers et fut à l'origine de la théorie moderne des nombres.

Les salles voisines sont consacrées à la peinture toulousaine et aux sculptures (deux prix de Rome, Falguière et Marqueste). Henri Martin (1860-1943) a donné son nom à la salle ornée par *Les Bords de Garonne* et *Les Rêveurs* où l'on reconnaît Jean Jaurès coiffé d'un canotier. Quatre panneaux immortalisent les saisons. La salle du conseil municipal est décorée d'œuvres de peintres toulousains, dont *L'Entrée de Louis XI à Toulouse, le 26 mai 1463* de A.-M. Roucolle et *Molière et Goudouli dans la cour d'une maison languedocienne* de Debat-Ponsan. Des niches mettent en valeur les bustes des rois wisigoths et des comtes de Toulouse.

L'aile sud du Capitole abrite le théâtre du Capitole gardé par les statues de la Comédie et de la Tragédie. La salle du Jeu de Spectacle fut construite dans l'enceinte du Capitole en 1736, en lieu et place de l'auberge dite Logis de l'Ecu. Guillaume Cammas y fit peindre des trompe-l'œil de style italien afin de donner de la profondeur au lieu. Théâtre de la République après la Révolution, la salle fut fermée en 1807 en raison de sa vétusté. Reconstruite, elle devint le Grand Théâtre de Toulouse (1818).

Louis de Mondran formulait ce souhait : « *Une académie de musique serait encore très utile et très nécessaire ; il est peu de villes en France où il y ait autant de belles voix qu'à Toulouse, surtout parmi le bas peuple : ce talent rare que la nature seule donne, leur devient inutile, faute des secours nécessaires pour les cultiver.* »

Les amateurs étaient nombreux, le public fougueux. On dut modérer ses ardeurs. Un arrêté municipal de 1839 précise : « *Tout individu qui troublera le bon ordre, soit pendant les représentations, soit durant les entractes, par des cris, des éclats bruyants, des sifflets, des provocations ou autres actes quelconques de tumulte et de désordre, sera arrêté et conduit à la mairie pour être détenu administrativement sans préjudice des poursuites qui seront dirigées contre lui devant les tribunaux. Il est expressément défendu de rien jeter sur la scène ni dans les diverses parties de la salle, d'interpeller le directeur, ses agents ou les acteurs... Dans le cas où quelqu'un aurait des réclamations ou des demandes à faire, il devra s'adresser à l'Autorité, hors de la salle et par écrit.* »

Le théâtre du Capitole fut rénové en 1880, la coupole surbaissée décorée de *L'Apothéose de Clémence Isaure et de la Belle Paule* peinte par Bénezet. Le théâtre fut dévasté par l'incendie du 10 août 1917. Reconstruit, il rouvrit ses portes le 6 novembre 1923. La salle fut transformée en 1950 puis en 1974 avant l'importante restauration de 1996.

« *Le théâtre du Capitole est emblématique de la vie culturelle toulousaine depuis plusieurs siècles, et constitue l'élément majeur du patrimoine de Toulouse. La forte personnalité du théâtre du Capitole lui a permis de traverser le temps en gagnant le soutien de toutes les générations du public toulousain.* » (Dominique Baudis.)

De l'autre côté de la place, les plafonds des arcades servent de « galerue » à 29 tableaux, signés Moretti, illustrant les grandes heures de Toulouse. Le donjon du Capitole, construit par Pierre de Naves et Laurent Clary (1525-1530), abritait depuis le XIIIe siècle les archives de la cité. La tour des Archives fut doublée en 1558 d'une autre tour dotée d'un escalier, d'où son nom de « tour de la vis ». Le toit en ardoise fut refait et pourvu d'un beffroi (1873) par Eugène Viollet-le-Duc.

« Galerue » sous les arcades. Les toiles de Moretti content l'histoire de Toulouse.

Déambulations
Remontons les sentes du temps

Le parlement de Toulouse, créé le 20 mars 1420, fut supprimé le 5 octobre 1428 puis rétabli le 11 octobre 1443 par le roi Charles VII. Faveur royale ! Et pour cause… Charles VII et sa cour, installés à Toulouse dans le château Narbonnais (26 février 1443), furent rejoints, le 19 mars, par son beau-frère René d'Anjou, roi de Naples et des Deux-Siciles, chassé par les Aragonais. Son épouse Isabelle de Lorraine et sa suite l'accompagnaient. Parmi les demoiselles d'honneur, Charles VII remarqua Agnès Sorel (1422-1450), élevée à la cour angevine. La Dame de Beauté et le roi furent frappés par la passion sous le ciel toulousain ! Lorsque Charles VII se mit en route pour la vallée de la Loire, Agnès Sorel fut du voyage. Demoiselle d'honneur de la reine Marie, elle devint favorite en titre (1444). Elle donna quatre filles au roi.

Le ressort du parlement de Toulouse s'étendait de la vallée de la Garonne jusqu'à celle des Pyrénées, de la vallée du Rhône au Massif central. Sous le règne de Louis XIII, il comptait 150 conseillers et 117 magistrats du parquet. Avocats, greffiers, huissiers, notaires, clercs et notables de même acabit formèrent une élite rassemblée dans les plus beaux hôtels particuliers du quartier. L'intendant du royaume notait en 1754 : « *Les officiers du parlement tiennent presque à toute la ville, et donnent le ton au reste.* » Cette missive adressée au garde des Sceaux par les avocats de Toulouse en 1788 atteste de leur assurance : « *Il existe en France, comme dans toutes les monarchies, des droits inviolables qui appartiennent à la Nation. Notre confiance redouble, Monseigneur, lorsque nous nous fixons sur les droits, les franchises, les privilèges qui forment la constitution particulière du Languedoc. Après avoir intéressé la justice du Roi, pour sa gloire et la prospérité de l'Etat, nous pourrions nous borner à réclamer l'exécution des contrats, sur la foi desquels la Province de Languedoc et le Comté de Toulouse ont été unis à la Couronne. Ce sont ces contrats qui ont formé le nœud réciproque qui attache l'obéissance à l'autorité, les sujets au souverain. Sa Majesté ne règne sur le ressort de notre parlement, qu'aux conditions que nous venons de retracer.* »

Le parlement fut supprimé en 1789. Cinquante-cinq de ses membres furent conduits à l'échafaud à Paris. Les bâtiments furent tour à tour modifiés. La cour d'appel fut reconstruite (1828-1833), la cour d'assises fut bâtie vers 1840, le tribunal de grande instance édifié (1845-1852). L'historien Jules Chalande constate : « *Après la Révolution, la noblesse toulousaine continua à habiter ce quartier, qui devint le faubourg Saint-Germain de notre ville, mais depuis quelques années, le vieux*

Clocher et cloître des Jacobins.

« Tout en ces lieux nous réjouit le cœur… »

capitoulat de Saint-Barthélemy (une des huit subdivisions territoriales de Toulouse créées en 1336), éventré de part en part par le percement des rues de Languedoc et Ozenne, a complètement perdu son aspect archaïque et son ancienne tranquillité, ses rues jadis calmes et silencieuses, où se profilaient les grandes portes monumentales des hôtels parlementaires, ont été coupées et déchiquetées par les nouvelles voies où sans cesse circulent bruyamment les tramways et les autos. »

Une visite du palais de justice s'impose. La grand'chambre du parlement, refaite vers 1830 dans le style Louis-Philippe, conserve l'obélisque commémorant le rétablissement des parlements par Louis XVI (1775). Son plafond de bois aux 187 caissons est remarquable. La salle du conseil possède des caissons ornés des symboles de la Justice, la Paix, la Vérité, l'Espérance, la Foi, la Charité… Le salon d'Hercule est orné d'un superbe plafond du XVIIe siècle.

A deux pas, admirez l'hôtel du Vieux Raisin (36, rue de Languedoc) : Béringuier Maynier, seigneur de Canac et Gallice, professeur de droit, capitoul en 1515-1516, avocat au parlement, assesseur en 1518, acquit une partie d'un vieil immeuble gothique. Il fit ajouter un corps de logis avec deux ailes en retour. Le linteau de la porte arbore la sentence : « *Virvitur ingenio, cetera mortis erunt* » (On vit par l'esprit, tout le reste sera mortel). Les fenêtres donnant sur la rue d'Aussargues annoncent fièrement : « *Togati Maynerii edes lingua constructae florent* » (La demeure construite par l'éloquence du professeur Maynier est florissante). Jean Burnet, greffier civil au parlement, acheta la demeure en 1547. Ses armoiries et celles de son épouse Marguerite de Rivière furent placées dans les caissons, et des caryatides furent ajoutées aux encadrements des fenêtres.

Les arcades de la place du Capitole, l'une des plus belles de France.

L'hôtel Dahus, témoin de l'architecture civile du XVe siècle.

L'hôtel Dahus (9, rue Ozenne)

L'hôtel du capitoul Pierre Dahus, bâti entre 1474 et 1483, présente un corps de logis, une tour hexagonale (XVIe siècle) et une poivrière côtelée. Elle contraste avec le bâtiment couronné de faux mâchicoulis et de gargouilles. Le conseiller au parlement Guillaume de Tournoër acheta la demeure (1528), fit décorer la façade de pilastres, d'écussons et de trois Amours s'amusant avec des cornes d'abondance et une guirlande. La petite fenêtre au-dessus de la porte est parée de la devise « *Esto Mihi, Domine, Turris fortitudinis a facie inimici* » (Sois pour moi, Seigneur, une place forte face à l'ennemi).

Rue Saint-Rome

En partant du Capitole, nombre de promenades mènent aux principaux édifices et hôtels particuliers édifiés par les grandes familles toulousaines. La rue Saint-Rome a conservé le tracé de l'ancien *cardo maximus* débouchant sur la place de Saint-Pierre et Saint-Géraud (1152), nom du prieuré de chanoines dépendant de Saint-Géraud d'Aurillac. Les demeures en brique et pans de bois posés sur des arcades datent, pour les plus anciennes, du XVe siècle, lorsque la rue s'appelait

Splendide demeure parée d'une ornementation raffinée.

Serminières, eu égard aux cerviniers et chamoiseurs travaillant le cuir et les peaux. « *Etroite et tortueuse, bordée de boutiques et de bancs de bouchers […] et de magasins de libraires*, la rue eut toujours une population très mélangée d'artisans et de riches propriétaires. » Augier Ferrier, médecin et astrologue, y fit bâtir sa demeure. Présenté à Catherine de Médicis par Jean Bertrandi, garde des Sceaux, originaire de Toulouse, il gagna sa confiance. Grâce à la générosité de sa patiente, Ferrier fut nommé médecin de l'hôtel-Dieu de Toulouse (1579) puis régent de la faculté de médecine (1581). Ses recherches sur la syphilis firent sa renommée ainsi que ses « *remèdes préservatifs et curatifs de peste* » consignés dans un ouvrage (1548). Ses connaissances concernant l'influence des astres sur les naissances figurent dans *Jugements astronomiques sur les nativités*.

Rue du Taur
La rue du Taur mène du Capitole à Saint-Sernin. Au numéro 43, une plaque commémorative indique la maison natale du poète toulousain Maurice Magre (1877-1941), auteur de nombreux recueils de poésie dont *Le Poème de la jeunesse* (1901).

Maints édifices méritent vos regards.

Les édifices rivalisent de beauté.

Hôtel de Bernuy (rue Gambetta)

Le marchand Jean de Bernuy fit fortune dans le commerce du pastel. Il fit édifier sa demeure dans l'actuelle rue Gambetta, entre 1528 et 1532, par le grand architecte toulousain Louis Privat. François Ier y fut reçu (1533). La cour d'honneur parée de colonnes classiques, de festons et de bustes ainsi que sa voûte à caissons sont d'une remarquable beauté.

Hôtel de Pierre (25, rue de la Dalbade)

Conseiller au parlement de Bordeaux, Jean de Bagis fut nommé président aux requêtes au parlement de Toulouse en 1544. Il fit bâtir son logis en 1537 par Nicolas Bachelier (1500-1557), émule de Michel-Ange. L'hôtel de Bagis revint en héritage à François de Clari (1606), contrôleur des travaux du pont Neuf. Celui-ci fit modifier le bâtiment. Sa nouvelle façade sculptée donna à la demeure le nom d'« hôtel de Pierre ». Elle fut complétée à partir de 1855. L'aigle des Clari posé sur une profusion de feuilles d'acanthe décore les chapiteaux surmontant les pilastres de la façade donnant sur la rue. Les mauvaises langues clabaudaient : « I a mai de peiras del pont à l'ostal de peira que de peiras al pont » (Il y a plus de pierres du pont à la maison de Pierre que de pierres au pont.) Remarquez le double portail édifié par le sculpteur et architecte Nicolas Bachelier (vers 1535) et l'entrée, ornée de hauts-reliefs, placée sous la protection d'Apollon, Mercure, Junon et Minerve. Quelques pas vous mèneront devant l'hôtel des Chevaliers de Saint-Jean de Jérusalem (32, rue de la Dalbade). Les Hospitaliers fondèrent le prieuré de Toulouse en 1315. Il abrita le Grand prieuré de Malte jusqu'à la Révolution.

Esprit
Quelques lieux de culte

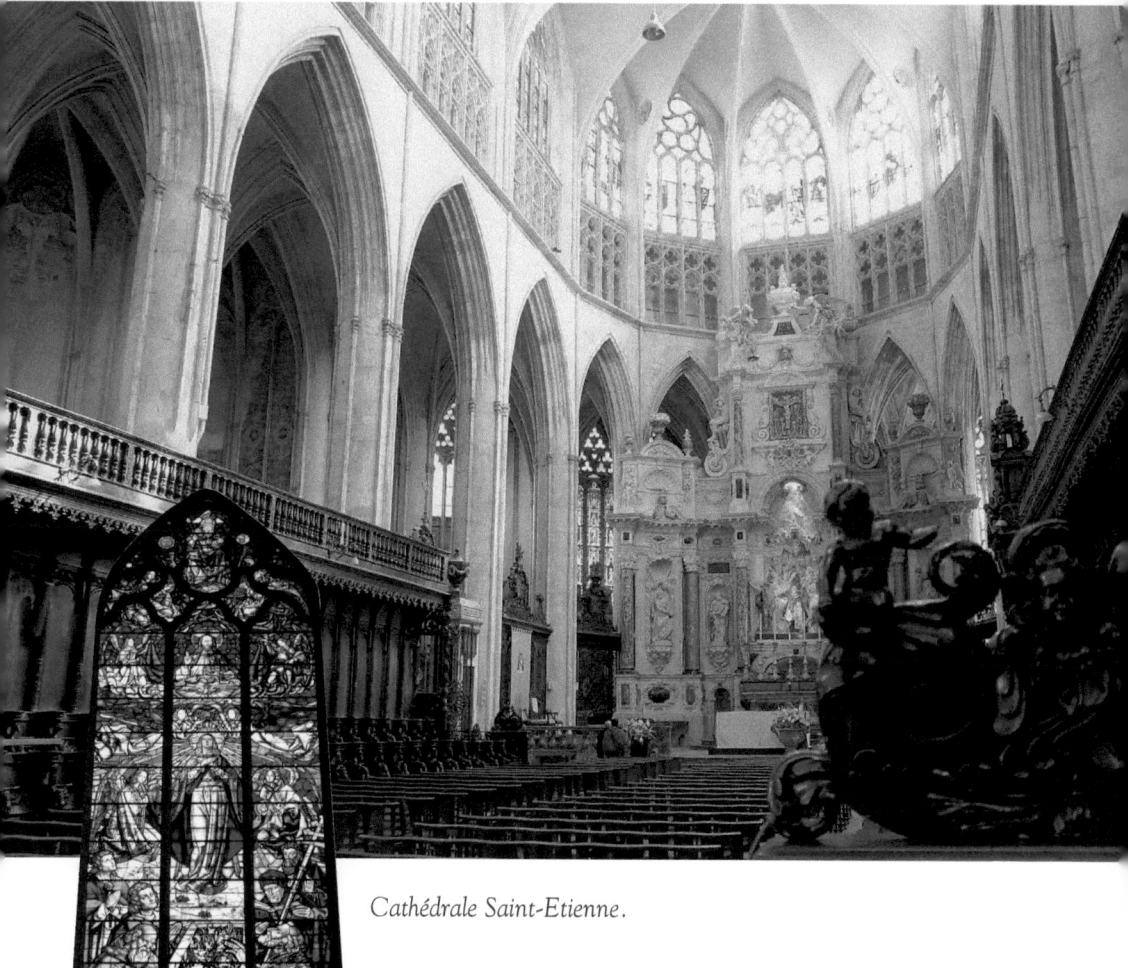

Cathédrale Saint-Etienne.

Le célèbre palmier des Jacobins.

Notre-Dame-de-la-Dalbade

Beata Maria de la ecclesia Albata (Bienheureuse Marie de l'église blanchie) fut édifiée en 1455 sur les bases d'un sanctuaire primitif d'époque wisigothe. La blancheur de ses murs, enduits de lait de chaux, fut à l'origine de son nom. La tour du clocher fut édifiée entre 1501 et 1504. Le portail de l'église romane fut remplacé en 1537. Principal ornement de la façade occidentale, il fut réalisé par Michel Colin et Mérigon Tailhan, dit Manceau. Le tympan est garni d'une imitation du *Couronnement de la Vierge* de Fra Angelico, céramique émaillée polychrome réalisée par Gaston Virebent (1878). « *Chrétien si mon amour est dans ton cœur gravé ne diffère en passant de me dire un ave* », recommande le distique.

La Dalbade, détail intérieur.

Eglise de la Daurade

Bâtie sur l'emplacement d'un ancien prieuré roman ou de l'hypothétique palais des rois wisigoths, ancien sanctuaire temple de Bélen (VIe siècle), monastère, puis prieuré, la basilique Sainte-Marie-d'Edifiée, ainsi désignée par Grégoire de Tours, reçut le nom de la *gleisa daurada* en raison de ses reflets d'or. Saint Exupère l'avait christianisée en 399. L'évêque de Toulouse, avec l'assentiment du comte Guillaume IV, l'avait donnée en 1077 à l'abbaye clunisienne de Moissac. Le chœur orné de mosaïques à fond doré remonterait à l'époque paléochrétienne. Démolie en 1761, elle fut reconstruite par Philippe Hardy (1772). Le cloître et ses dépendances furent rasés en 1811. Elle abrita une Vierge noire, Notre-Dame de la Noire, objet de toutes les dévotions, détruite en 1798. Les cendres du poète toulousain Peire Godolin furent transférées dans une des chapelles en 1808.

Prieuré Saint-Antoine-du-Salin

Si le prieuré a conservé son entrée et son cloître en briques doté de quatre galeries à trois arcades en plein cintre supportant un étage de fenêtres, la chapelle a subi bien des transformations. Elle est constituée d'une nef couverte de croisées d'arêtes, d'un chœur et d'une tribune éclairée par une fenêtre centrale.

La première **chapelle Saint-Antoine** en tant que prieuré de l'abbaye de Lézat fut implantée en 1114 à Toulouse. Les Bénédictins de Lézat fuyant la vindicte des huguenots, en 1579, vinrent se réfugier dans le prieuré Saint-Antoine-du-Salin, sis rue Pharaon. Les Cordeliers de Saint-François de L'Isle-Jourdain les y rejoignirent l'année suivante. Ils conservèrent le prieuré après le départ des Bénédictins. Vers 1656, Jean-Pierre Rivalz reconstruisit la chapelle. Le couvent fut acheté en 1807 par les sœurs de la Charité de Notre-Dame qui y installèrent un pensionnat de jeunes filles. La congrégation fut dissoute en 1904 et la pension fermée. Divers acquéreurs morcelèrent et modifièrent les bâtiments. Quatre chapelles latérales furent murées du côté sud.

Saint-Aubin

Les *Annales de la Haute-Garonne* témoignent de la volonté municipale d'ouvrir à la population un nouveau lieu de culte : « *L'accroissement progressif dans les quartiers récemment établis exigeait la création d'une nouvelle paroisse. Une ordonnance royale, en date du 15 février 1843, et une ordonnance de monseigneur D'Astros, archevêque de Toulouse, du 18 août de la même année, ont créé une nouvelle paroisse sous la dénomination de Saint-Aubin.* » La bénédiction des cryptes et l'ouverture de Saint-Aubin eurent lieu le 30 octobre 1849. Sis à Terre-Cabade, ancien cimetière d'origine gallo-romaine, ce lieu de culte ne fut jamais terminé.

Saint-Etienne

L'imposant clocher de Saint-Etienne, souhaité par l'archevêque Jean d'Orléans, s'élève à 55 mètres de haut. L'intérieur ne manque pas d'étonner le visiteur en raison de la juxtaposition des travées occidentales de la nef (XIIIe siècle) de style gothique méridional et du chœur (1270) de factures différentes.

En 1078, l'évêque Izarn fit édifier une église romane à trois nefs. « Le chœur des chanoines » et quinze chapelles furent ajoutés par l'évêque Bertrand de L'Isle.

Eglise Saint-Aubin.

La cathédrale Saint-Etienne.

Son retable, construit par Pierre Mercier (1667-1670), représente la lapidation de saint Etienne. Les vitraux mettent en présence le roi Charles VII et le roi Louis XI, présentés par saint Jean-Baptiste et Louis d'Anjou.

Saint-Nicolas
Très bel exemple d'architecture gothique méridionale (XIVe siècle), à nef unique, dotée d'un portail à arc outrepassé et d'un curieux clocher. L'église dédiée à saint Nicolas, patron des naufragés, devait protéger la rive gauche des crues de la Garonne. *« Les habitants firent vœu de bâtir une église sous l'invocation de saint Nicolas, patron et saint tutélaire de ceux qui vont par eau et craignent le naufrage. »* Le retable de J.-B. Despax (1788) est une merveille.

Saint-Pierre-des-Chartreux
Cette église sortit de terre grâce à la volonté des moines réfugiés à Toulouse en 1569. Les Chartreux commencèrent à bâtir le monastère en 1602. L'église reçut sa dédicace en 1612 sous les vocables de la Vierge et de saint Paul ermite.

Saint-Pierre-des-Cuisines
L'ancienne église Saint-Pierre-des-Cuisines de Toulouse fut implantée aux IVe et Ve siècles sur les bases d'une basilique funéraire et d'une nécropole sise hors les murs de l'antique cité. Le comte de Toulouse, au XVe siècle, fit don de l'église et des terres y afférents à l'abbaye de Moissac qui y établit un prieuré. Une église romane fut édifiée, le chœur au XIe siècle et la nef au XIIe siècle. C'est en ce lieu cher aux comtes de Toulouse que Raimond IV annonça à la population son départ pour la croisade et que Raimond V capitula (6 janvier 1189). Des chapiteaux sculptés pour l'entrée furent remis en place au XIIIe siècle sur le nouveau portail. L'édifice fut remplacé par une vaste église gothique à nef unique aux XIIIe-XIVe siècles. Le prieuré passa sous la domination des Chartreux au XVIe siècle. La paroisse fut transférée à Saint-Pierre-des-Chartreux durant la Révolution française et transformée en fonderie de canons puis en entrepôt. Les fouilles ont mis au jour des sarcophages témoignant d'inhumations et de rites funéraires privilégiés des VIe et VIIe siècles. Classé monument historique en 1977, Saint-Pierre-des-Cuisines fut réaménagé en auditorium.

Saint-Sernin
Admirable monument d'art roman, la basilique Saint-Sernin repose sur un sanctuaire (Ve siècle), achevé par saint Exupère vers 410, dans lequel il accueillit le corps de saint Sernin (Saturnin). La première chapelle construite sur la tombe du martyr fut l'œuvre de l'évêque Hilaire. Son successeur, Hilaire, entreprit la construction d'une basilique (celle terminée par Exupère). Les travaux d'édification de la nef débutèrent en 1080 et s'achevèrent en 1119. L'église fut consacrée le 24 mai 1096 par le pape Urbain II, en présence du comte Raymond IV de Toulouse, auquel il remit la tunique des croisés. Les deux étages supérieurs de la basilique datent de 1258-1284. Saint-Sernin reçut le titre de basilique en 1878. Son clocher octogonal est un modèle du genre. Elle offre à tous les regards son avant-porte Renaissance et la porte Miégeville (début XIIe siècle).

Le chevet et le clocher de la basilique Saint-Sernin.

La porte Miégeville (le milieu de la ville) séparait Toulouse en deux. Son tympan consacré à l'Ascension est admirable. Les représentations de saint Pierre et saint Jacques ornent les écoinçons, des scènes du *Péché originel*, du *Massacre des innocents*, de l'*Annonciation* et de la *Visitation* décorent les chapiteaux. Rappelons que le maître d'œuvre de Saint-Sernin fut Raymond Gayrard. Il travailla jusqu'au jour où il rendit son âme à Dieu en 1118. Passé la double porte, un gigantesque transept, entouré par un collatéral, révèle la voûte portée à 21,10 mètres de haut et la nef centrale d'une largeur de 8,60 mètres. Une coupole octogonale forme la base du clocher. Elle surmonte la table d'autel en marbre consacrée par le pape Urbain II, le 24 mai 1096. L'inscription *« Bernardvs Geldvinus me fecit »* (Bernard Gilduin m'a fait) gravée dans le marbre rappelle le nom des commanditaires, les confrères de saint Saturnin. « Le tour des corps saints » fut organisé autour du tombeau de saint Saturnin surmonté de son immense baldaquin du XVIIIe siècle. La porte des Pèlerins conduisait à la crypte à deux niveaux. Son bandeau de pierre portait la devise : « Il n'est pas au monde de lieu plus sacré. »

Notre-Dame-du-Taur
Temple dédié à Jupiter Capitolin (vers 250) puis sépulture de saint Saturnin, cet édifice sera maintes fois remanié avant de prendre le nom de Notre-Dame-du-Taur (XVIe siècle). Il abrita le saint suaire de 1392 à 1396. Son clocher-mur de deux étages, percés d'arcs en mitre, flanqué de deux tourelles octogonales, est des plus spectaculaires.

Le clocher-mur de Notre-Dame-du-Taur.

Folie
Vent de...

Toulouse doit-elle au vent d'autan, « le vent qui rend fou », d'être le berceau du premier aliéniste ?

Fils d'un marchand, prieur de la bourse des marchands et capitoul en 1787, Jean-Etienne-Dominique Esquirol naquit le 3 février 1772 au numéro 9 de la place qui porte son nom. Après des études à Toulouse, il « monta » à Paris (1799) où il devint l'élève de Jean-Nicolas Corvisart à La Charité, puis celui de Philippe Pinel à La Salpêtrière (1801). Sa thèse, soutenue en 1805, fut publiée sous le titre : *Des passions. Considérées comme causes, symptômes et moyens curatifs de l'aliénation mentale.* Nommé médecin-surveillant de la division des folles à La Salpêtrière, il est le premier psychiatre à distinguer les hallucinations des illusions. En 1820, il succéda à Pinel à la Salpêtrière. Il avait fondé, par ailleurs, une maison de santé privée pour aliénés, rue Buffon. Il fut promu médecin chef de la maison royale de Charenton en décembre 1825. Une statue le représentant fut mise en place et inaugurée (1825). Au cœur de la Ville rose, la place Esquirol porte le nom du « Père de l'hôpital psychiatrique ».

Ce brillant disciple de Pinel délimita « idiotie » et « démence », « illusions » et « hallucinations ». Il considérait l'aliénation mentale comme résultant de causes physiques ou morales. Il fit voter la loi du 30 juin 1838 obligeant chaque département à se doter d'un hôpital spécialisé, et fut à l'origine de l'installation d'institutions psychiatriques en France. Président du Conseil de salubrité, il publia *Des établissements d'aliénés* en 1818 et *Des maladies mentales considérées sous le rapport médical hygiénique et médico-légal* en 1838. Il comparait les aliénés de Bicêtre, plus pauvres et à la vie plus laborieuse, avec ses malades et observait, entre autres : « *Les aliénés admis dans la maison de Charenton jouissent d'une honorable aisance, ont plus de moyens pour satisfaire leurs passions, ils exercent des professions qui excitent le cerveau ; leur vie matérielle est moins active, par conséquent les mêmes causes doivent produire sur eux des effets plus graves et plus nombreux.* »

Esquirol, décédé dans sa maison de Charenton le 12 décembre 1840, fut mis en terre au cimetière du Père-Lachaise (8e section, 10e ligne, AB, 22.)

Le dôme de la Grave.

Le pont Neuf et l'Hôtel-Dieu Saint-Jacques.

L'asile public d'aliénés de Toulouse fut inauguré par le docteur Marchant (1838), en application de la loi sur les établissements publics destinés à recevoir et soigner les aliénés. Disciple du célèbre Esquirol, Gérard Marchant était né le 11 mars 1813 à Toulouse (décédé le 21 juillet 1881).

Le conseil général de Haute-Garonne vota, en 1850, la construction d'un asile aux frais du département. Il fut décidé de son implantation au lieu-dit Domaine de Gironis (fief attribué à un valeureux guerrier goth après une expédition des Germains dans le Midi) à Braqueville. L'étymologie est incertaine, Braqueville (la ville des Barbares) tirerait son nom de *bracatus*, autrement dit « celui qui porte des larges culottes comme les barbares ». Vers 1235, les Dominicains, pourchassés par les amis des cathares, auraient trouvé refuge en ce lieu qui devint la propriété du chapitre de Saint-Etienne.

Les travaux n'étaient point terminés lorsque l'asile de Braqueville ouvrit ses portes, le 1er juillet 1858. Quoi qu'il en soit, 260 aliénés en voie de guérison y furent transférés depuis La Grave. Un service à part fut mis en place à la demande du ministre de l'Intérieur « *pour accueillir les pensionnaires aliénés, de manière à n'être pas confondus ni pour le local, ni pour le régime avec les aliénés indigents* ». Le *distinguo* est fait entre pauvres et riches. Les pensions versées par les malades aisés assurant l'équilibre du budget de l'asile. Le prix de journée demandé à un aliéné de première classe, en 1880, est quatre fois supérieur à celui d'un indigent du département. Une commission de surveillance veille à la bonne gestion et à l'organisation de l'établissement terminé en 1864. Il est convenu que les malades travaillent et produisent les matières premières nécessaires à leurs besoins. Tous n'en sont pas capables. Le nombre des indigents est important : 346 sur 794 en 1875 et 386 sur 958 en 1878. Les hommes valides travaillent les terres, soignent le bétail, s'occupent de divers ateliers. En 1879, quatorze vaches, sept chevaux, des cochons, des moutons, des lapins, des poules complètent la production de légumes de l'asile. Du blé est semé, récolté et transformé dans le moulin bâti par les malades. Une boulangerie est installée (1873). Les femmes sont employées aux cuisines, à la buanderie, à la couture. L'institution fabrique draps, housses d'oreillers, traversins, chemises, tabliers, blouses, pantalons, pyjamas, serviettes, nappes, torchons, et les redoutables camisoles de force. Le registre de 1880 précise : « *Les sœurs, les secrétaires de la direction, les élèves internes sont assimilés aux pensionnaires de première classe. Les douze maîtres ouvriers (boulanger, garçon boulanger, meunier, cocher, cordonnier, tailleur, tisserand, maçon, mécanicien, peintre, serrurier) sont assimilés aux pensionnaires de troisième classe. Les infirmiers et les infirmières sont assimilés aux pensionnaires du régime commun.* »

Il est loin le temps où l'asile de Braqueville parquait les malades en cinq catégories : agités, tranquilles, idiots, demi-tranquilles et gâteux. Aujourd'hui, le centre hospitalier Marchant, patrimoine régional dessiné par l'architecte Jacques-Jean Esquié, collaborateur de Viollet-le-Duc, prend en charge les enfants, les adolescents, seniors et détenus nécessitant des soins adaptés, en hospitalisations de jour, de longs séjours, à temps partiel ou en suivi à domicile.

Gastronomie

« Lo què bèstia à taula, es bèstia pertot »
(Celui qui est bête à table, l'est partout)

Salle des Illustres, détail du plafond.

Splendeur et magnificence.

Nos ancêtres avaient bel appétit. J'en veux pour preuve cette « petite collation » servie au Capitole, salle des Illustres, au XVIIIe siècle.
« La table était chargée d'argenterie et de faïence : girandoles et flambeaux, salières et huiliers, sans compter les carafes en verre d'France et les verres fins martelés en calice qui demeuraient sur les crédences et que les domestiques présentaient remplis. […] Nous ne donnons que l'essentiel des deux services. […] Tout cela pour environ deux cents personnes.

Premier service

Huit pâtés froids.
Huit jambons glacés.
Huit galantines.
Quatre gâteaux de Savoie.
Quatre gâteaux de millefeuilles.
Quatre croquantes.
Quatre buissons d'écrevisses.
Vingt grosses entrées : veau, esturgeon, jambon, vol-au-vent, bœuf à l'oseille, mouton.
Quatre plats de rôti : pintades, ortolans, cailles, pigeons, dindonneaux, levrauts, poulet de grain, ris de veau.
Seize salades.

Second service

Quatre-vingt-douze entremets chauds : asperges, mousserons, fèves, petits pois, artichauts, épinards, tourtes, gâteaux.
Six plats de blanc-manger.
Six plats de gelée.

Dessert

Quatre-vingt-seize bergamotes, quarante-huit cédrats,
quarante-huit oranges et seize citrons.
Trente-six assiettes de confitures.
Soixante-dix compotes.
Soixante-dix assiettes de four garnies.
Dix-huit assiettes de fraises.
Dix-huit jattes de caillé.
Douze fromages glacés.
Cinq cents gobelets de glaces.
Deux cents tasses de café.
Cinq douzaines de topettes de sirop, trois cents biscuits de Savoie, mille verres d'orgeat et de limonade.

Vins

Cent soixante-dix bouteilles de vin :
Une de Chypre, quatre de Pacaret, neuf de Malaga, seize de Rancio, trente-trois de Bourgogne, cinquante-trois de Haut-Brion, cinquante-huit de Champagne. »

Preuve que, en ces temps-là, le cassoulet n'était pas tant prisé ! Rappelons malgré tout qu'il n'est de bon cassoulet sans « mongette », un haricot long et charnu à la peau très fine. Le terme « cassoulet » vient de *cassoulo*, une cassole ou poêlon en terre cuite façonné avec l'argile du village d'Issel, près de Castelnaudary. Le cassoulet se prépare de diverses façons selon les traditions et les produits locaux. On peut y trouver de l'échine de porc, du saucisson à l'ail, de la saucisse de Toulouse, de la graisse d'oie, du jambonneau, du confit de canard ou d'oie. Lisons Anatole France : « *Le cassoulet de Clémence cuit depuis vingt ans. Elle remet dans le poêlon tantôt des oies ou du lard, tantôt un saucisson et des haricots mais c'est toujours le même cassoulet. Le fond reste, et ce fond antique et précieux lui donne les saveurs que, dans les tableaux des vieux maîtres vénitiens, on trouve sur les chairs ambrées des femmes. »*

De nos jours, le foie gras cuisiné et préparé dans le Sud-Ouest a les faveurs des convives. Savez-vous de quelles façons il était servi au Moyen Age ? Un foie gras placé au centre d'une miche de pain crue mise à levée puis cuite au four était un délice. Il y avait mille façons de le préparer. Avant de cuire le foie, on le faisait dégorger une nuit dans du lait miellé pour neutraliser l'amertume. On le roulait dans les épices puis dans des tranches de lard très fines, elles-mêmes protégées par des feuilles de vigne. Le tout, glissé dans de la cendre chaude, cuisait lentement.

Histoire

« Toulouse ! Toulouse ! Montjoie ! »

Le pont Neuf et ses « dégueuloirs » défient la puissance de la Garonne.

Toulouse, la belle, fut marquée par toutes les époques de notre histoire nationale. Au Ve siècle av. J.-C., les Volques Tectosages établirent un puissant royaume. Vers 118 av. J.-C., une garnison romaine fut implantée et Toulouse devint la capitale provinciale de la Narbonnaise. Une légende conte que le prince romain Aquarius, premier roi de Toulouse, sauva la ville convoitée par les troupes d'Hannibal (IIe siècle). Elle fut conquise par les Wisigoths (413) puis, à la suite d'un traité conclu avec Rome, ils occupèrent un vaste territoire dont la capitale était Toulouse (418). La loi des Wisigoths est rédigée en latin et promulguée à Toulouse (Ve siècle). Attila eut le projet de prendre Rome après avoir pris Toulouse ! Clovis bat les Wisigoths et tue leur roi Alaric II (487-507), à Vouillé, en 507. Il entre dans Toulouse en 508 et met la main sur le trésor d'Alaric. Toulouse fut assiégée par les Arabes (721) et l'oubli recouvrit un temps la cité.

Jeux de lumière sur le pont Neuf.

Quais et jardins aménagés.

L'église de la Daurade.

Dans la seconde moitié du XIe siècle, son renouveau fut spectaculaire. Le Moyen Age, période de prospérité, laissa un chef-d'œuvre d'art roman en la basilique Saint-Sernin. Le duché de Narbonne et le comté de Toulouse, unis sous une même autorité, formaient le Languedoc. Le pape Urbain II organisa une croisade en France avec, à sa tête, le duc de Bourgogne et le comte de Toulouse (1089).

Toulouse s'agrandit, s'embellit, s'organisa autour d'un *« commun conseil de la cité et du faubourg de Toulouse »* (1152), se dota d'une université (1229). Une nouvelle enceinte fixa les limites de la ville au XIIe siècle.

La dynastie des comtes de Toulouse débuta vers 778. Il nous faut évoquer une figure emblématique de la dynastie comtale : Raimond VI (1156-1222). Fils de Raimond V (1134-1194) et de Constance, fille de Louis VII de France (1137-1180), il était né dans le château Narbonnais, à Toulouse. Il devint comte de Toulouse à l'âge de 39 ans (1195), à la suite du décès de son père. On le nomma alors « Raimond le Vieux ». Raimond VI de Toulouse était un bon vivant, collectionnant amantes et enfants naturels. Pour faire la paix avec ses ennemis, il avait épousé leurs filles : Ermesinde de Pelet (décédée), Béatrix de Trencavel (qu'il répudia), Bourguigne de Chypre puis Jeanne d'Angleterre, sœur de Richard Cœur de Lion (elle lui donna un fils, Raimond, en 1197, et mourut en couches). Eléonore, sœur du roi Pierre II d'Aragon, fut sa dernière épouse.

Le comte Raimond VI régnait sur un vaste territoire qui comprenait le Quercy, l'Agenais, le Rouergue, le marquisat de Provence, la terre d'Argence, les vicomtés de Millau et de Grèze et le comté de Gévaudan. Son pouvoir s'exerçait aussi sur les terres de ses nombreux vassaux. Le comte de Foix était également son vassal pour la basse vallée de l'Ariège et le comte de Comminges pour la plaine de Muret. C'est sans doute pourquoi, tout au long de sa vie, l'Eglise s'acharna contre Raimond VI. Elle ne cessa de le persécuter, de le combattre. Elle le somma de massacrer ses sujets, ses proches, ses compagnons gagnés à une doctrine venue d'Orient : la foi cathare.

Arnaud Amalric, abbé de Cîteaux, légat du pape, fut chargé de diriger contre lui la croisade des Albigeois. Devant les murs de Béziers, en 1209, le légat aurait lancé la phrase : « *Tuez-les tous, Dieu reconnaîtra les siens.* » Or, c'est bien à tort que Raimond VI fut surnommé « le Cathare » car il ne partageait pas les croyances des cathares, même si, disait-il, « *mon esprit ne s'est pas laissé gagner par leur doctrine mais mon cœur a été plus d'une fois touché par la vie exemplaire des Bons Hommes* ».

Accusé de tiédeur, de complaisance envers les ennemis de l'Eglise, proscrit, dépouillé de ses terres, contraint à l'exil, il fut excommunié par deux fois (1207). L'assassinat de Pierre de Castelnau, légat du pape, le 15 janvier 1208, au château d'Avignonet, par un écuyer de Raimond VI, mit le feu aux poudres. Le pape Innocent III prêcha la croisade contre les cathares. Les seigneurs du nord du royaume levèrent une armée et déferlèrent sur les provinces du sud. Simon de Montfort, comte de Leicester, petit seigneur originaire de l'Ile-de-France, prit la tête de la croisade. La suite est connue. En juillet 1209, la guerre sainte contre les Albigeois débutait. Au lieu d'obéir au pape, d'élever des bûchers, de s'ériger en défenseur de ses sujets, Raimond VI choisit de temporiser. Il s'enrôla dans une croisade qui, malheureusement, fut dirigée contre lui-même. Raimond « le Vieux » partit pour Rome durant l'hiver 1210 afin de plaider sa cause car Armand Amaury, nouveau légat du pape, venait à nouveau de l'excommunier et de jeter l'interdit sur ses terres « *parce qu'il n'a pas chassé de ses Etats les hérétiques leurs fauteurs et qu'il ne les a pas abandonnés à la discrétion des croisés* ». Innocent III désavoua son légat. Fou de rage, Arnaud Amaury fit périr 104 « *hommes et femmes hérétiques* » sur le bûcher de Minerve (juillet 1210). La guerre était inévitable (juin 1211). Raimond VI se lamentait. Il avait la guerre en horreur. Les troupes de Simon de Montfort et Arnaud Amaury assiégèrent Toulouse. Elles furent écrasées. L'ennemi vaincu repartit vers Carcassonne. Mais le nord et le sud des Etats du comte de Toulouse furent ravagés, la population massacrée, asservie. Bûchers et potences se dressèrent partout dans le pays. Faute d'avoir pris Toulouse pour dominer le pays, Simon de Montfort s'empara des terres et domaines pour parvenir à soumettre Toulouse. A la fin de l'an 1212, il tenait tout, à l'exception de Toulouse et de Montauban.

En janvier 1213, comprenant que sa terre ne serait plus le pays des libertés, que les hérétiques y seraient pourchassés, Raimond VI abdiqua en faveur de son fils Raimond VII « le Jeune », ce qui eut pour effet d'arrêter la croisade contre lui. Mais hélas, le pape Innocent III, revenant sur sa décision, relança la croisade en avril. La guerre reprit. Le roi Pierre d'Aragon s'était allié avec le comte de Toulouse et le comte de Foix. Le 12 septembre 1213, la bataille de Muret fit rage. La ville fut anéantie. Pierre d'Aragon mourut au combat. Raimond « le Vieux » partit en exil à Barcelone (il y demeura jusqu'en 1217).

Simon de Montfort fut intronisé comte de Toulouse par le concile du Latran (1215). Accompagné de Louis de France, fils du roi, il s'empara de Montauban et de Toulouse (1215). La devise de Montfort est passée à la postérité : « Toulouse ! Toulouse ! Montjoie ! » Selon la volonté de l'occupant, Toulouse fut démolie, pierre par pierre, par les habitants requis pour cette sinistre besogne. Seul le château Narbonnais resta debout. L'année suivante, Simon de Montfort fit hommage à Philippe Auguste pour le comte de Toulouse. C'est à cette époque qu'eut lieu la prise d'otages de « la borde du comte » (voir « Yearling »). Les Toulousains résistèrent à l'envahisseur (1216). La violence des combats poussa les croisés à se retrancher dans la cathédrale Saint-Etienne et le palais épiscopal. Simon de Montfort, dépité, fit incendier la ville.

Raimond « le Vieux », rappelé par les Toulousains, revint en septembre 1217. Il organisa la rébellion contre l'usurpateur. Le peuple toulousain n'en avait pas fini avec ce croisé ! Durant l'hiver, Simon de Montfort assiégea la ville. Après neuf mois de luttes, il fut tué, le 25 juin 1218, par un boulet lancé depuis une catapulte maniée par des femmes : « *La pierre vint tout droit là où il fallait. Elle frappa le comte sur son heaume d'acier. Et le comte tomba à terre, mort, ensanglanté et livide.* » Le prince Louis de France campa devant la cité et installa le blocus (14 juin 1219). Le 1er août 1219, il levait le siège. Louis VIII, époux de Blanche de Castille, participa à la croisade contre le comte de Toulouse toujours frappé d'excommunication (1226). Au fil des ans, les principales villes du Languedoc se rallièrent à la couronne de France. Toulouse résista encore. Pendant l'été 1227, le comte Raimond VII reprit la lutte. Il assiégea Castelsarrasin (1228). Repoussé vers Toulouse par l'armée royale, il entama des négociations (1229). Le traité de Meaux-Paris (1229) rattacha le Languedoc à la Couronne et mit fin à la croisade contre les cathares. Le comté de Toulouse, le Rouergue, l'Agenais, une partie de l'Albigeois et du Quercy sont laissés à Raimond VII. Sa fille Jeanne (1220-1271) doit épouser Alphonse de Poitiers (1220-1271), frère du roi de France. Le couple héritera des possessions de Raimond VII et si le couple ne laisse pas d'héritier, les terres reviendront au roi de France.

Une série de mesures avaient été prises par le pape Innocent III afin de bannir les hérétiques, les exclure de la vie civile et confisquer leurs biens (1215). Honorius III fit promulguer un décret ajoutant la peine de mort sur le bûcher pour les hérétiques non repentis (1220). Les premiers textes juridiques de l'institution de l'Inquisition et ses principes furent arrêtés au concile de Toulouse en 1229. Le pape Grégoire IX institue l'Inquisition en 1231.

Afin d'éradiquer l'hérésie en Languedoc, le pape Grégoire IX nomme deux Dominicains de Toulouse pour établir l'Inquisition (1233). Ils sont les premiers inquisiteurs de ce tribunal ecclésiastique. Leur première victime est l'évêque cathare Vigoureux de Baconia. L'inquisiteur dominicain Guillaume Arnaud et ses compagnons sont assassinés à Avignonet-Lauragais, près de Toulouse, en 1243. Le pape Innocent IV autorise l'Inquisition à utiliser la torture comme moyen de preuve, en 1252.

Le comte Raimond VII entre en rébellion contre la Couronne, en 1242, aux côtés de Roger Trencavel, vicomte de Béziers qui tente de récupérer ses terres confisquées pendant la croisade contre les Albigeois. Il se soumet en octobre 1242. Les termes du traité de Meaux-Paris sont reconduits par la paix de Lorris (janvier 1243) et le comte de Toulouse s'engage à pourchasser les cathares. La citadelle de Montségur tombe en 1244. Les rebelles obtiennent le pardon et sont épargnés. Ceux qui se disent encore cathares sont livrés au bûcher.

Alphonse de Poitiers succéda à son beau-père Raimond VII en tant que comte de Toulouse, en 1249. Il avait épousé sa fille Jeanne en 1237. Il reçut, en 1241, les comtés d'Auvergne et de Poitou. Il prit part à la septième croisade et fut fait prisonnier à Mansourah. Sa suzeraineté sur ses fiefs du Périgord et du Limousin lui est retirée par le traité passé entre Louis IX et Henri III d'Angleterre (1258). Il meurt à son retour de Tunis (1271).

Le comté de Toulouse fut rattaché à la couronne de France en 1271. Les trois derniers rois capétiens décédés sans postérité mâle, la loi salique fut appliquée. Un changement dynastique attribua la couronne de France à Philippe de Valois (1293-1350). Le 25 décembre 1303, Philippe le Bel arriva à Toulouse. Il tint un lit de justice et présida un parlement sur la place Saint-Etienne (10 janvier 1304). La redoutable guerre de Cent Ans (1337-1453), les famines et la peste (1347-1350) mirent à mal les populations.

Les officiers de la couronne donnèrent au Languedoc le nom d'*Occitania*, terme issu du latin de chartes qui désigne les langues méridionales. La création définitive du parlement (1443) établit Toulouse en capitale provinciale divisée en trois parties : la cité *intra-muros*, les faubourgs et le gardiage *extra-muros*, vaste territoire sur lequel furent implantés des « châteaux », habitations de grands domaines agricoles. Sa séance inaugurale eut lieu l'année suivante. Jean de Clary fut le premier président.

Un terrible incendie consuma une grande partie de la ville le 7 mai 1463. Il fallut douze jours pour le circonscrire. 7 064 maisons furent détruites. Louis XI, arrivé sur ces entrefaites, exempta la cité d'impôt pendant un siècle (26 mai 1463). Le parlement prit une ordonnance (1465) : « *Les capitouls désigneront huit charpentiers ou fustiers munis de haches et de scies, trois maçons avec de grands marteaux, quatre recouvreurs avec des cordes, crochets et échelles, lesquels porteront, en cas d'incendie, jacquettes mi-parties de deux couleurs fournies par la ville.* [...] *Il a esté ordonné que tout habitant de Tholose contribuera aux charges desdits engins ordonnés pour amortir le feu, lanternes, chandelles et autres choses nécessaires, et à son tour fera guet, excepté quant audit guet gens d'église et vrais escoliers ; item que, toutes et quantes fois il fera vent, se feront quatre guets toute la nuit, c'est assavoir : l'un à Saint-Etienne, l'autre à Saint-Sernin, l'autre à la Dalbade et l'autre à Saint-Nicolas de Saint-Subran* [...] *seront posés lesdits guets, en temps de vent d'Aultan ou autre grand vent, es clochiers des quatre églises des parties dessus dites pour plus tôt voir le feu et toucher la cloche.* » La culture du pastel permit à la cité de se relever (1463-1560) et assit la fortune de grandes familles (Assézat, Bernuy, Cheverry, Delfau, Delpech, Lancefoc, Madron...). Louis XI vint à Toulouse en 1463. En septembre 1533, une bulle du pape invite François Ier à combattre l'hérésie et rétablit l'Inquisition. Le siège de l'Inquisition avait naguère établi ses quartiers au prieuré Saint-Romain de Toulouse (maisons des frères Pierre et Bernard Seila) appartenant au chapitre de la cathédrale, berceau de l'ordre dominicain ! En son temps, Bernard Gui (1307-1323), grand inquisiteur, y avait assis sa renommée ! Il avait rédigé le premier *Manuel de l'inquisiteur* ! L'Inquisition déménagea aux Jacobins en 1575.

A l'occasion de la confirmation du duc d'Anjou (futur Henri III) et de la princesse Marguerite (future reine de Navarre) le 18 mars 1565, en la cathédrale Saint-Etienne, le roi Charles IX et Catherine de Médicis foulèrent le pavé toulousain : « *La procession marcha de Saint-Etienne à La Trinité par la Croix-Baragnon, et de là par la Grand-Rue à l'église Saint-Sernin où le roi ouït vêpres et ensuite le sermon qui fut prononcé par le Père Finet, Supérieur des Minimes de cette ville.* » L'époque n'était guère clémente. Les guerres de Religion ravageaient la France (1562-1598). Un hangar implanté hors la porte Villeneuve servait de lieu de réunion aux protestants. Le 7 février 1562, 5 000 personnes vinrent participer au culte. Les catholiques voient d'un mauvais œil l'influence des huguenots. Un protestant est tué d'un coup d'arquebuse. Les esprits s'échauffent de part et d'autre. Dans la nuit du 11 au 12 mai, les protestants occupent le Capitole. Les catholiques mettent le feu au quartier Saint-Georges, inondent les égouts dans lesquels sont réfugiés les protestants. Autorisés à quitter la ville sans arme ni bagage, le 17 mai, les protestants sont finalement massacrés. Adhémar Mandinelli, emprisonné par les protestants, est décapité et sa tête fichée sur la porte du Capitole.

Durant la nuit du 23 au 24 août 1572, les huguenots sont massacrés à Paris. La Saint-Barthélemy engendra une vague de tueries qui gagna les provinces. A Toulouse, en 1589 : « *Le 3 septembre, les capitouls emprisonnent les protestants avec l'accord du parlement. Ceux qui jusqu'alors avaient été mis aux arrêts dans leurs propres demeures sont transférés dans des couvents.* […] *Les capitouls et le président au parlement écrivent au roi pour lui demander quelle doit être leur attitude envers les nombreux prisonniers (7 et 8 septembre). Le 3 octobre arrivent en ville, revenant de Paris, deux marchands : Delpech père et fils. Ils se disent porteurs d'ordres oraux du roi et entreprennent de faire tout tuer.* »

L'édit de Nantes (13 avril 1598) contribue à la pacification religieuse. Le roi Louis XIII, venu mater la rébellion calviniste en Languedoc, pose en juillet 1622 la première pierre de la chapelle des Carmélites (rue de Périgord). Le 18 octobre 1622, la paix conclue à Montpellier met provisoirement fin à l'insurrection protestante grâce au renouvellement de l'édit de Nantes. Les états du Languedoc se révoltent contre l'autorité royale en raison des atteintes à son statut fiscal (1632). Le gouverneur du Languedoc, le duc Henri II de Montmorency (1595-1632), refuse la politique de Richelieu et affronte les armées royales. Il est fait prisonnier, jugé par le parlement de Toulouse puis décapité, le 30 octobre 1632, dans la cour du Capitole. Louis XIII et Richelieu assistent au spectacle. Louis XIV vient en 1660.

1789 est l'année des bouleversements : reconnaissance de l'Assemblée nationale constituante (9 juillet), prise de la Bastille (14 juillet), abolition des privilèges (4 août), Déclaration des droits de l'homme et du citoyen (26 août). Toulouse n'est pas épargnée par la fièvre révolutionnaire. Certains citoyens sont plus en vogue que d'autres. Antoine-Pascal Hyacinthe Sermet, professeur de théologie et de philosophie, demeure une figure de la Révolution. Tout comme Jean Julien, dit Julien de Toulouse, et Jean-François-Bertrand Delmas, né à Toulouse (1751-1798). Officier de carrière, élu député de la Haute-Garonne à la Législative puis à la Convention. Delmas vota la mort de Louis XVI, contre l'appel au peuple et contre le sursis, mais il se prononça contre la mise en accusation de Marat. Adjoint de Barras lors du 9 thermidor, il combattit avec lui les sections royalistes insurgées de vendémiaire. Il siégea aux conseils des Anciens.

Ancien pasteur protestant à Sète, Julien de Toulouse, né à Saint-Laurent-d'Aigouze en 1750, prit ses fonctions à Toulouse en 1789. Membre du directoire départemental de la Haute-Garonne, il fut élu à la Convention. Il vota la mort du roi et contribua à la mise en place du Tribunal révolutionnaire. Il obtint un décret stipulant que le Tribunal « *jugera sans appel et sans recours possible au tribunal de cassation* ». Envoyé en mission en Vendée puis à Orléans, ses trafics le rendirent suspect. Compromis dans la falsification du décret du 17 vendémiaire an II (affaire de la Compagnie des Indes), il prit la fuite et fut déclaré hors la loi. De retour en France après le 9 thermidor, il fut emprisonné. Il parvint à se disculper, reçut des indemnités mais ne put retrouver sa place de député. Protégé par Fouché, il s'installa comme avocat à Turin. Il ne rentra en France qu'en 1814. Il est décédé le 17 décembre 1828 à Embrun (Hautes-Alpes).

Des mouvements contre-révolutionnaires préoccupaient les représentants du Comité de salut public, Chaudron-Rousseau et Leyris. Leur compte rendu du 25 août 1793 indique : « *Pour garantir les établissements nationaux nécessaires à l'armée, nous avons pensé qu'il fallait ici une forte armée solide sur laquelle on pût compter et avec laquelle il sera facile de déjouer les ennemis du dedans [...]. La sûreté du Midi, la conservation de Toulouse dans les bons principes, la nécessité d'empêcher que cette ville ne tombe dans les mains de l'aristocratie qui la convoite, celle aussi de déjouer Bordeaux et d'empêcher que les fédéralistes du Midi ne se donnent la main, nous font sentir le besoin pressant de plus de forces ici. Il ne sera pas difficile de vous en convaincre par la situation de Toulouse.* »

La dissolution du parlement de Toulouse (août 1790), dont 26 de ses membres sont guillotinés à Paris, inspire Armand Praviel : « *Ainsi finit ce formidable parlement dont la grandeur écrase et qui disparut dans une rouge apothéose digne de lui. Malgré tout, on pense à la parole évangélique :* "Celui qui frappera par l'épée périra par l'épée." *Pendant quatre cents ans, ces magistrats avaient sévi sans relâche, appliquant une idée très pure, mais farouche, plus biblique que chrétienne, de la justice. Quand on feuillette en tremblant leurs archives, il semble, à travers l'impassibilité des procès-verbaux, que l'on respire l'odeur fade du sang, que l'on entend hurler les accusés, craquer les os.* »

Napoléon Ier et Joséphine visitèrent la capitale du Sud-Ouest. L'empereur tint audience au palais épiscopal, converti en préfecture, le 25 juillet 1808.

Mac-Mahon, alors président de la République, assista impuissant à une crue de la Garonne (juin 1875). La presse d'opposition prétendit qu'il avait prononcé la formule : « *Que d'eau! Que d'eau!* » Rien n'est moins sûr. Les journalistes désireux de se gausser de la balourdise et de l'esprit conventionnel du défenseur de l'Ordre moral ont probablement fait un bon mot.

Le président Sadi Carnot descendit d'un train en gare de Toulouse (mai 1891).

Incontournables
« Angulus ridet » (Ce coin de terre me sourit)

Nul ne saurait imaginer Toulouse sans son cœur de brique rose, son dédale de rues à caractère moyenâgeux, au détour desquelles se dresse un joyau de l'art gothique languedocien.

L'ensemble conventuel des Jacobins

Le cloître des Jacobins.

Le Languedoc est acquis à l'hérésie cathare lorsque Dominique de Guzman (vers 1170-1221) crée une communauté vouée à la prédication, l'étude et la prière, dont l'unique but est de *« parler avec Dieu et de Dieu »* : l'ordre des Frères prêcheurs. Approuvée par le pape en 1215, une congrégation de l'ordre s'installa à Toulouse dans trois maisons offertes par de nouveaux frères près du château Narbonnais. Le chapitre cathédral leur concéda la chapelle Saint-Romain (1216). L'édification de l'ensemble des Jacobins débuta en 1229 sur des terrains légués par Pons de Capdenier. Il fut consacré le 22 octobre 1385. Le clocher, de plan octogonal, fut achevé en 1298. Le cloître fut édifié entre 1307 et 1310.

Clocher des Jacobins.

L'impressionnante colonnade des Jacobins.

« O ville glorieuse, de mes mains je tresse cette offrande à ton front ! »

Il donnait accès au grand réfectoire (1303), à la salle capitulaire (1300) et à la chapelle funéraire Saint-Antonin construite de 1335 à 1341 grâce au don du frère Dominique Grima, quatrième évêque de Pamiers. La voûte de la chapelle Saint-Antonin représente *L'Immolation de l'agneau* par vingt-quatre vieillards. Des anges musiciens encadrent les fenêtres. Les étapes de la vie de saint Antonin sont retracées sur la partie inférieure. Hélas, les fresques en partie basse ont disparu au XIXe siècle lorsque la chapelle fut utilisée comme écurie. L'édifice gothique a conservé un admirable décor peint représentant la vision de l'Apocalypse et la légende de saint Antonin. Le pape Urbain V décida de déposer aux Jacobins les reliques de saint Thomas d'Aquin (1369) : « *Docteur angélique, [...] saint Thomas brille entre tous les docteurs par la beauté de son style et de sa pensée, de même cette église de Toulouse surpasse en beauté toutes les autres églises des Frères prêcheurs. Je la choisis pour saint Thomas et veux que son corps y soit placé.* »

L'unique colonne de la nef, le célèbre « palmier des Jacobins », date de 1292. Vingt-deux nervures se déploient sur la voûte soutenant la couverture du chevet de l'église du couvent des Dominicains. Mérimée, inspecteur des Monuments historiques, s'extasiait : « *C'est admirable. Une église immense à deux nefs, séparées par d'immenses piliers d'une hauteur et d'une légèreté inouïes : une salle capitulaire encore plus hardie et plus élégante, un grand cloître avec colonnes en marbre, des voûtes peintes, nombre de chapelles avec des compositions à fresques très curieuses, tout un système de construction en brique très original, voilà ce que j'ai vu, plus de cinq cents chevaux mangeant leur avoine et autant de canonniers dessinant ce que je n'ose dire.* » Rien d'étonnant à cela : Napoléon avait autorisé l'armée à s'installer dans le couvent !

Hors la ville, vies et destins toulousains se rencontrent en des lieux privilégiés. Nul ne saurait les ignorer. Si nombre de demeures furent démolies, certaines, et non des moindres, offrent aux promeneurs d'admirables témoignages du passé. Depuis la route de Narbonne, le **château Bellevue** dévoile sa majesté. **Lespinet-Lasvignes**, bordé par le canal du Midi, abrita Jean-Mathias de Riquet (fils de Pierre-Paul de Riquet), seigneur de Bonrepos, conseiller du roi. **Grandselve** fut autrefois propriété des religieux de l'abbaye cistercienne de Grandselve. **Lespinet-Ramel** est une magnifique demeure du XIXe siècle dotée d'un escalier à double révolution et de deux tours saillantes. **Casselardit**, ancienne villégiature des capitouls, dont les murs roses se mirent dans la Garonne, fut probablement construit par Richard Dejean, riche marchand devenu capitoul entre 1653 et 1683. **Limayrac** fut le théâtre de la bataille opposant Soult à Wellington, le 10 avril 1814. **Lapujade** fut construit d'après les volontés de Jean-Marie Lapujade (1740). Ce chirurgien venu des Amériques en 1738 avait peiné à se faire accepter par ses confrères toulousains. Les soins qu'il donna à un parlementaire lui ouvrirent les portes du cercle très fermé des bourgeois. Pierre Barthès narre : « *Le 12 de ce mois [1739], le quartier de la place de Rouaix s'étant rassemblé à l'effet de rendre grâces à Dieu pour le rétablissement de la santé de M. le Président de Bastard, à qui M. Lapujade, maître chirurgien de cette ville, avait un mois auparavant ouvert la cuisse pour un abcès qu'on avait négligé, les messieurs* *du quartier s'étant donc syndiqués firent une bourse, et le guet ayant été mandé, on se rendit à dix heures du matin à l'église des Carmes, où on chanta une messe, et ensuite le Te Deum, pour remercier Dieu de la convalescence.* »

La renommée galopante de Lapujade lui permit d'acquérir le domaine de la famille Duranti (janvier 1740) où il fit bâtir son château.

Le château de Saint-Simon-le-Vieux
Ce château est l'unique château fort médiéval (XIIIe siècle) subsistant à Toulouse. Il prit le nom de « château de Candie » au XVIIIe siècle. Quadrilatère doté d'échauguettes d'angle et d'une tour carrée, veillant sur 500 arpents, il était la propriété de la famille de Falgar, seigneurs de Venerque et de Miramont. Le château fut acquis par les Ysalguier, propriétaires de domaines à Auterive, Castelnau-d'Estrétefonds, Clermont, Fourquevaux. Adhémar Ysalguier vendit seigneurie et château en 1498 au notaire toulousain Jean Laysani. Ils passèrent aux mains de Mariet d'Angilbaut, dit de Chabanès, gendre du seigneur de Tournefeuille (1540). La seigneurie fut partagée en trois domaines gérés par messieurs Delpech, de Caulet et Mariotte (XVIIe siècle). Le trésorier général de France, Jean-François-Marie Candie, seigneur de Saint-Simon, racheta les trois parcelles et redonna à la seigneurie son prestige grâce à ses vignes. Il sollicita le gardiage de Toulouse : « *La principale récolte étant celle du vin, il nous serait avantageux d'appartenir au gardiage de Toulouse pour le faire entrer en ville et le débiter.* » Le domaine gagna en superficie grâce aux investissements des héritiers successifs. François de Candie, le 4 messidor de l'an IV, acquit l'église paroissiale de Saint-Simon et ses 187 toises carrées. Les archives municipales recensent : « *Vigne, jardin, terre, pâture, sol, oseraie, vivier, pré, bois.* » Guillaume Camille Alfred Candie de Saint-Simon, malacologiste, avait pignon sur rue à Toulouse, au numéro 6 de la rue Tolosane (à voir, ce très bel hôtel du XVIIIe siècle).

Madame veuve François Bary, née Espinasse, résidant à Carcassonne, propriétaire du domaine à la fin du XIXe siècle, le légua à son fils Jean-Louis-Eugène Bary. La mairie de Toulouse acquit la propriété (1976) plantée de cinq cépages de cabernet franc, cabernet sauvignon, mauzac rosé, négrette et syrah. Depuis, la régie agricole de Toulouse exploite les 25 hectares du vignoble. Le Domaine de Candie, vin de pays du comté Tolosan, propose un éventail de vins rouges, rosés et blancs. Le site comprend aussi 273 hectares de terres de grande culture convertis au biologique grâce à de nouvelles pratiques culturales et la réintroduction des cultures de printemps.

Jaurès
Initiales J. J.

Jean Jaurès, né à Castres en 1859, était issu d'une famille aisée. Reçu premier à l'Ecole normale supérieure, il obtint l'agrégation de philosophie, enseigna au lycée d'Albi et devint, à 24 ans, maître de conférences à la faculté des lettres de Toulouse.

Elu député du Tarn (1885-1889), il siégeait avec les opportunistes. A la suite de sa défaite aux élections, il soutint une thèse de doctorat ès lettres et reprit l'enseignement. Très impressionné par la grève des mineurs de Carmaux en août 1892, il orienta ses idées vers l'extrême gauche. Il fut élu député socialiste en 1893. Il affirmait : « *C'est le socialisme seul qui donnera à la Déclaration des droits de l'homme tout son sens et qui réalisera le droit humain (1890). Le socialisme est l'affirmation suprême du droit individuel. Rien n'est au-dessus de l'individu. Partout où le socialisme est organisé en parti, le socialisme agit dans le sens des libertés individuelles : liberté politique, liberté du vote, liberté de conscience, liberté du travail.* » Sa pensée était liée aux souvenirs de la Révolution française et différait de la rigueur doctrinaire de Karl Marx : « *Le socialisme est l'individualisme logique et complet. Il continue, en l'agrandissant, l'individualisme révolutionnaire* », notait-il en 1898. Il fut de nouveau battu aux élections de 1898. En 1899, Jaurès soutint, contre Jules Guesde, l'entrée du socialiste indépendant Millerand dans le ministère de Waldeck-Rousseau. Il fonda *L'Humanité* en 1904. Dans le numéro 1, du 18 avril 1904, il indiquait : « *Le titre même de ce journal, en son ampleur, marque exactement ce que notre parti se propose. C'est en effet à la réalisation de l'humanité que travaillent tous les socialistes. L'humanité n'existe point encore, ou elle existe à peine. A l'intérieur de chaque nation, elle est compromise et comme brisée par l'antagonisme des classes, par l'inévitable lutte de l'oligarchie capitaliste et du prolétariat.* » Jaurès était un orateur chaleureux, généreux et optimiste. Persuadé qu'il était d'éviter la guerre, il devint « *l'apôtre du pacifisme* », ce qui lui valut de très violentes attaques de la part de la presse nationaliste. Le 16 juillet 1914, il fit voter une motion par le Congrès national du parti socialiste : « *Entre tous les moyens employés pour prévenir et empêcher la guerre et pour imposer aux gouvernements le recours à l'arbitrage, le Congrès considère comme particulièrement efficace la grève générale ouvrière, simultanément et internationalement organisée dans les pays intéressés, ainsi que l'agitation et l'action populaire sous les formes les plus actives.* » Il dînait avec ses collaborateurs du journal, au café du Croissant, rue Montmartre à Paris, lorsqu'il fut abattu, le 31 juillet 1914, par Raoul Villain.

Buste de Jean Jaurès, escalier du Capitole.

Kaléidoscope

« Toulouse [...] comme pour donner un baiser » *(Dominique Baudis)*

Marché de Noël, place du Capitole.

Hôpital de la Grave, second hôpital médiéval de la cité. Quartier Saint-Cyprien.

Bords de Garonne.

Léchés de soleil, les quais de la Garonne, dressés au XVIIIe siècle, se parent de reflets roux.

Le pont Saint-Pierre.

Ciel toulousain en reflet de Garonne.

Latécoère
Les ailes de Toulouse

« *Toulouse devrait s'écrire avec deux ailes* », suggère un slogan publicitaire. La remarque est judicieuse. Pour la première fois, un homme, originaire de Muret (en banlieue toulousaine), prend les commandes d'une machine volante de son invention, nommée *Eole*, et s'élance du terrain de Muret, le 9 octobre 1890 ! Clément Ader (1841-1925) a ouvert la voie du ciel ! Ballotté dans la nacelle de sa montgolfière, en juillet 1892, après vingt-sept heures de grand air, le capitaine Armand joint Toulouse à Vielmur (Tarn), soit 90 kilomètres. L'Aéro-club des Pyrénées est fondé à Toulouse en 1908. Le premier meeting aérien toulousain est organisé le 1er août 1910. Léon Morane et Maurice Saulnier, dès 1912, planchent sur la conception et la construction d'aéroplanes. C'est à bord d'un de leurs avions, le Morane H, en 1913, que Roland Garros réalise la première traversée de la Méditerranée. L'aventure continue. Latécoère, Daurat, Guillaumet, Mermoz et Saint-Exupéry s'élancent du terrain de Montaudran. Ils écriront la légende de l'Aéropostale avec leurs avions Breguet et Latécoère.

Pierre-Georges Latécoère naît le 25 août 1883 à Bagnères-de-Bigorre, dans la maison familiale. Son père, ingénieur, est à la tête de deux centrales électriques et d'une scierie employant 50 ouvriers. Pierre-Georges intègre le lycée Louis le Grand à Paris, obtient son baccalauréat, un diplôme des Arts et Manufactures, tout en continuant ses études d'ingénieur. Le décès prématuré de son père l'oblige à reprendre les affaires familiales qu'il développe avec à-propos. A tel point qu'il rejoint le cercle des grands industriels français. Après avoir construit des milliers de wagons de marchandises et de voyageurs, il s'oriente vers l'aéronautique. En novembre 1918, Latécoère dépose au greffe du tribunal de commerce de Toulouse les statuts de sa société d'exploitation aéronautique : la CEMA, Compagnie Europe, Maroc, Algérie. Il envisage d'exploiter une ligne postale aérienne entre Toulouse, Casablanca, Dakar et Buenos Aires. Il fonde les Lignes Latécoère en 1919. Le 1er septembre 1919, le vol Toulouse-Rabat est inauguré ! Didier Daurat prend les commandes. Trois ans plus tard, Latécoère fonde la CGEA (Compagnie générale d'entreprises aéronautiques) qui compte 22 pilotes, 120 mécaniciens et aides-mécaniciens, et 75 avions. La devise du patron : « Il faut que le courrier passe ! » A cette fin, il embauche Jean Mermoz (1924), Henri Guillaumet (1926) et Antoine de Saint-Exupéry (1926).

Très attaché à Toulouse, Pierre-Georges Latécoère achète à Ramonville, en 1921, une superbe maison de maître édifiée au centre d'un parc arboré

La Cité de l'espace.

de 100 hectares. Un cèdre majestueux, planté à l'époque de Jussieu, pose son ombre sur le salon de musique. Il dessine puis aménage sur une cinquantaine d'hectares de splendides jardins à la française, parsemés de petits temples, d'allées florentines, de points de vue à la mode de Toscane, de mosaïques, de placettes en étoile, d'un jardin marocain. En 1942, le domaine de Ramonville est envahi par une unité de la Waffen SS. Billets de logement en main, le commandant et ses officiers s'installent dans la demeure. La famille Latécoère est parquée dans une suite de chambres. Les véhicules de Pierre-Georges sont réquisitionnés. Il doit utiliser une carriole attelée à un cheval pour se déplacer. Une compagnie SS campe dans le parc et aménage une zone militaire. Emporté par un cancer, Latécoère est inhumé à Ramonville en août 1943. Erwin Rommel, chargé du commandement du front occidental en 1944, s'installe quelques jours dans la propriété Latécoère.

C'est à Toulouse qu'Emile Dewoitine crée, en 1920, dans son appartement de la rue Lafayette, la Société Dewoitine, nationalisée en 1937, devenue depuis Aérospatiale.

En 1955, la Caravelle sort des ateliers toulousains. C'est le premier moyen-courrier à réacteurs du monde !

Concorde, premier avion supersonique, s'envole de Toulouse le 2 mars 1969 ! Alain Turcat est aux commandes.

La Cité de l'espace, inaugurée en 1997, merveilleux outil pédagogique, confirme la place prépondérante occupée par Toulouse dans le domaine spatial. L'aventure spatiale s'offre à vous. Découvrez la fusée *Ariane 5*, culminant à 55 mètres, installée sur son pas de tir comme à Kourou, la station spatiale russe Mir, le vaisseau *Soyouz*, le planétarium...

Musées toulousains
Toulouse, ville d'art

Le Centre de l'Affiche (58, allées Charles de Fitte), installé sur l'emplacement d'une ancienne chapelle du XVIIIe siècle, conserve, sauvegarde, restaure et présente les fonds iconographiques du patrimoine de la ville de Toulouse.

Le musée d'Art moderne et contemporain des Abattoirs (76, allées Charles de Fitte), sis à l'emplacement des anciens abattoirs d'Urbain Vitry datant de 1827, se veut la vitrine d'expositions d'art moderne et de sélection d'œuvres originales ou méconnues. Il possède 2 500 œuvres du milieu du XXe siècle. On doit l'architecture du bâtiment à Antoine Stinco.

Musée d'Art moderne et contemporain les Abattoirs. (Avec l'aimable autorisation de l'architecte Antoine Stinco.)

clocher des Augustins.

Le musée des Augustins (21, rue de Metz). L'ensemble conventuel des Augustins, superbe réalisation d'architecture gothique méridionale, fut érigé durant les XIVe et XVe siècles par les Frères ermites de saint Augustin. Le couvent, achevé en 1341, fut doté d'un grand cloître gothique en 1396, constitué de 80 arcades posées sur une colonnade à chapiteaux sculptés, ouvrant sur un jardin clos. Furent ajoutés le petit cloître (1626), un jardin à la française (de 1886 à 1892) et un square (1895). C'est au cœur de cet ensemble que le musée des Beaux-Arts fut inauguré le 27 août 1795 (10 fructidor an II). Dessiné par Viollet-le-Duc, l'escalier du musée a remplacé le réfectoire de l'ancien couvent. Ses collections comptent plus de 4 000 œuvres à découvrir dans la salle de la sculpture romane (XIIe siècle), les salles de sculpture gothique et le cloître (XIVe et XVe siècles), l'église du XVe au XVIIe siècle, les salons vert et blanc (XVIIe et XVIIIe siècles), le salon rouge et l'escalier Darcy (XIXe et XXe siècles). Les écoles flamande, hollandaise, italienne et française sont bien représentées avec Delacroix, Champaigne, Corot, Courbet, Guardi, Guido, Ingres, Manet, Oudry, Reni, Rubens, Toulouse-Lautrec, Vuillard. Sans oublier les maîtres toulousains, Rivalz, Laurens, Henri Martin.

La fondation Bemberg a élu domicile à l'hôtel d'Assézat, superbe bâtiment de style Renaissance édifié pour Pierre d'Assézat, seigneur de Ducède mort en 1581. La demeure, rachetée par le banquier Théodore-Fulgence Ozenne (1814-1895), fut léguée à la Ville de Toulouse à condition d'y loger les sociétés savantes et les six académies de la cité. Les salles du musée mettent en valeur la peinture vénitienne du XVIIIe siècle (Guardi, Canaletto, Carriera, Longhi), le pointillisme (Vuillard, Sigrac, Cross), le fauvisme (Braque, De Vlaminck, Dufy), de nombreuses œuvres de la Renaissance (Clouet, Cranach, Benson, Le Tintoret, Véronèse) et les plus grands noms de la peinture mondiale (Degas, Matisse, Monet, Morisot, Picasso, Pissarro, Toulouse-Lautrec, Renoir, Sisley). La salle Bonnard sert d'écrin à 36 toiles de l'artiste.

Le musée du Compagnonnage (12-14, rue Tripière) expose les savoir-faire et l'excellence des traditions transmises de siècle en siècle par les Compagnons du tour de France.

Le musée Paul Dupuy (13, rue de La Pléau), musée des Arts graphiques et des Arts décoratifs, est dévolu à l'histoire locale. Commandé par le procureur au parlement Pierre Martin, l'immeuble fut entièrement rebâti par Pierre Besson, procureur à la cour (XVIIe). Paul Dupuy (1867-1914) le racheta et en fit son musée privé. Les collections permanentes présentent un cabinet d'objets d'art (émaux, faïences, orfèvrerie, verrerie), la collection d'horlogerie d'Edouard Gélis et d'instruments de mesure ainsi que l'apothicairerie du collège des Jésuites provenant du noviciat des Jésuites autrefois sis place de la Daurade.

L'hôtel d'Assézat.

Le musée Georges Labit (17, rue du Japon) présente dans la villa de style néo-mauresque, bâtie par Georges Labit (1862-1899), les extraordinaires collections de l'explorateur toulousain (ethnographie, antiquités égyptiennes, orientales et du Sud-Est). Rigoureux panorama de l'art en Chine, en Inde, en Indonésie, au Japon, au Laos, au Népal, en Thaïlande, au Tibet et au Cambodge.

Le muséum d'Histoire naturelle (35, allée Jules Guesde) met en scène ses exceptionnelles collections. L'exposition permanente est chronologiquement organisée pour découvrir le fonctionnement de la terre, l'ordre du vivant (diversité, classification, organisation), la force de la vie, les grandes fonctions du vivant (alimentation, reproduction, locomotion…). Le jardin botanique Henri Gaussen rassemble des collections ethnobotaniques, des plantes épiphytes, tropicales, carnivores, etc.

Le musée Saint-Raymond (place Saint-Sernin), musée des Antiques, est installé dans l'ancien collège Saint-Raymond construit par l'architecte Louis Privat (1523). Raymond Gayrard avait fondé, grâce au comte Guillaume IV, à son épouse Mathilde et à l'évêque Isarn, un hôpital destiné aux pèlerins visitant le tombeau de saint Saturnin (1080). Avec la fondation de l'université (1229), l'hôpital Saint-Raymond dut héberger des étudiants pauvres. Petit à petit, les fonctions hospitalières furent gommées, les bâtiments se délabrèrent et il fut décidé de reconstruire un collège universitaire sur ses bases. Fermé durant la Révolution française, le collège servit de presbytère à la nouvelle paroisse de Saint-Sernin au XIXᵉ siècle. Il fut restauré par Viollet-le-Duc (1866-1869). Les prêtres furent relogés par la municipalité tandis qu'un musée s'installait dans l'ancien collège (1891). Il abritait des pièces de petites tailles qui ne pouvaient être mises en valeur par le musée des Augustins.

L'antique hôtel Dumay érigé au XVIᵉ siècle (7, rue du May) abrite le **musée du Vieux-Toulouse** où sont préservés les témoignages historiques et artistiques de Toulouse.

Le collège Saint-Raymond (1523) abrite le musée du même nom.

Le musée Saint-Raymond.

Notoriétés
« La célébrité, c'est l'avantage d'être connu de ceux qui ne vous connaissent pas » *(Chamfort)*

Conseiller au parlement de Toulouse (1766), maître des requêtes (1774), **Antoine François Bertrand de Molleville** de Montels de Quint de Roquefère de Villèle est né le 25 août 1744 à Toulouse.

Intendant de Bretagne depuis 1784, il eut la désagréable tâche de dissoudre le parlement de Bretagne (1788). Il rédigea, à l'intention de ses collaborateurs, les *Instructions pour MM les subdélégués de l'intendance de Bretagne tous les conseils, toutes les informations qu'ils auraient été amenés à leur donner depuis son arrivée dans la province* (1788).

Appelé par Louis XVI, il fut nommé ministre de la Marine et des Colonies (7 octobre 1791-16 mars 1792). Il présenta à l'Assemblée législative un état des forces navales françaises (31 octobre 1791) et fit un certain nombre de propositions afin d'améliorer les aménagements et services dans les ports et les arsenaux, mais il ne fut pas suivi. Il rédigea *Mémoire sur la répartition et l'emploi des 25 000 soldats auxiliaires destinés pour le service de la marine* (1791). Il subit de nombreuses critiques et attaques. « *Primo : il se situe à la droite des Feuillants. Secundo : troquant son portefeuille contre une bourse, il sera le chef d'une sorte de police secrète et achètera bien du monde ; certains cadeaux ne se pardonnent pas* », explique J.-F. Chiappe. La perte de Saint-Domingue lui fut aussi imputée. Dévoué à son roi, Bertrand de Molleville dépensa l'intégralité de la liste civile pour acheter des espions et des complicités parmi les Jacobins, les gazetiers, les tribuns afin d'organiser le départ de la famille royale de Paris. Le 4 août 1792, il rejoint messieurs de Clermont-Tonnerre, de La Tour, Pierre-Victor Malouet, Du Pin-Gouvernet, Malesherbes, de Gilliers chez le comte de Montmorin pour revoir le plan d'évasion du roi vers la Normandie. Il est prévu que le roi sorte des Tuileries par l'hôtel de la Porte, prenne la route de Rouen où une maison a été louée. Le roi refuse cette nouvelle proposition. Après avoir émigré en Angleterre, Bertrand de Molleville rentra en France (1814). Il mourut à Paris le 19 octobre 1818.

José Cabanis vint au monde le 24 mars 1922 à Toulouse. Il fit ses études chez les Jésuites, prépara une licence de philosophie, une licence de droit et un doctorat. Sa thèse portait sur l'organisation de l'Etat d'après *La République* de Platon et *La Politique* d'Aristote. Il fit carrière comme expert près de la cour d'appel de Toulouse. L'écriture était sa passion. Il publia *La Pitié* (1948), *L'Age ingrat* (1952), *La Bataille de Toulouse* (1966, prix Renaudot), *Charles X, roi ultra* (1974, prix des Ambassadeurs). Elu mainteneur de l'Académie des jeux floraux en 1965,

Hommage à Pierre de Fermat.

il obtint le Grand Prix de littérature de l'Académie française en 1976. Il fut reçu comme membre de l'Académie française en 1990, au fauteuil 20. Il est décédé à Toulouse le 6 octobre 2000.

Né à Toulouse en 1522, **Jacques Cujas** fit ses études de droit à Toulouse. Les édiles ne l'autorisant pas à professer à la faculté, il ouvrit un cours privé. Juriste, historien, philosophe, érudit, il jouissait d'une solide réputation mais fut contraint de quitter Toulouse afin de progresser dans sa carrière. Il s'expatria aussi pour transmettre son enseignement à Cahors, Turin, Valence... puis Bourges, en 1555, à la demande de Michel de l'Hôpital. Après quelques pérégrinations, il s'installa définitivement à Bourges en 1556. Ses cours consacrés au droit romain, droit civil, droit canonique suscitaient les louanges de ses élèves. Ils encensaient son érudition, la clarté de ses propos, la finesse de ses commentaires sur le *Corpus juris*. Jacques Cujas mourut à Bourges le 4 octobre 1590.

L'ancienne rue de la Tour de Najac, dans le quartier de la Daurade, porte le nom du *« plus illustre jurisconsulte français de la Renaissance »*. La maison natale de Jacques Cujas se trouve au numéro 12.

Fils de boulanger, **Dominique-Martin Dupuy** (1767-1798) eut une incroyable destinée. Soldat du régiment d'Artois avant la Révolution française, il se porta volontaire en 1791. Promu lieutenant-colonel en second du Ier bataillon de Haute-Garonne, il rejoignit l'armée d'Italie. Il s'illustra durant la bataille de Lonato où il commandait la 32e brigade. Bonaparte déclara : *« J'étais tranquille la 32e était là. »* Et se montra reconnaissant. Général de brigade, nommé gouverneur militaire de Milan en 1797, Dupuy accompagna l'expédition en Egypte. Il fut assassiné lors de la révolte du Caire (1798).

Une colonne en fer fondu érigée au centre d'une fontaine gardée par des griffons distingue la place Dupuy. Elle entretient la mémoire de l'enfant de Toulouse. Avant qu'elle ne soit détruite, en 1797, une chapelle dédiée au Sauveur, ceinte d'un cimetière, occupait les lieux.

Le buste de Dupuy, réalisé par Roland Philippe Laurent en 1835, orne la galerie des Batailles du château de Versailles.

Les Yorubas emmenés en esclavage aux Amériques exportèrent leurs rythmes musicaux vers 1870. Ils posèrent la base du tango, né à Buenos Aires en 1898. Petit à petit, le bandonéon reprit à son compte les cris, la violence, la *Lunfa* utilisée par les voyous des quartiers louches du port, et donna une âme au tango. Le Toulousain **Carlos Gardel** lui offrit ses lettres de noblesse.

Charles Romuald Gardès, né le 11 décembre 1890 à l'hospice de la Grave de Toulouse, de père inconnu, était le fils de Marie Berthe Gardès domiciliée 4, rue du Canon d'Arcole. Désireuse de refaire sa vie, Berthe embarqua avec Charles, à Bordeaux, destination l'Argentine. Ils mirent pied à terre le 9 mars 1893 à Buenos Aires. Charles, bientôt rebaptisé « Carlos », passa son enfance dans le quartier du Mercado de Abasto. Ses camarades le surnommèrent « El Francesito » puis « El Morocho de Abasto ». Il commença à chanter dans les cafés où sa belle voix le fit remarquer. Il a l'idée de créer une manière de

« dire le tango ». Il invente, avec son parolier Pascal Contursi, le tango chanté. Sous le nom de Carlos Gardel, il enregistre quinze chansons, en 1912. Le succès est phénoménal. Le « Zorzal Criollo », véritable héros national, part en tournée en Europe et aux Etats-Unis. Il tourne dans des films à succès où il chante la mélancolie du peuple argentin : « *Au pied de la luxuriante montagne, le villageois regarde une folle plaintive passer sur sa terre natale. Cette folle qui, autrefois des amours abusa, parsème aujourd'hui de ses tendres plaintes la pampa qui invite à la paix.* » Ses chansons sont sur toutes les lèvres : *Volver, Mi Buenos Aires querido, El dia que me quieras, Olvido, Golondrinas, Por una cabeza, Soledad*…

En pleine gloire, Carlos Gardel trouve la mort dans un accident d'avion en Colombie, le 24 juin 1935. Son corps est ramené en Argentine. Il est enterré à Buenos Aires.

Peire Godolin (Pierre Goudouli) naquit à Toulouse (1580-1649). Place d'Assézat, une plaque commémorative indique : « *Ici était la maison où naquit au mois de juillet 1580 Peire Godolin.* » Son père était chirurgien et avocat. Elève au collège des Jésuites (aujourd'hui lycée Pierre de Fermat), Peire étudia « les Lettres humaines ». Après des études de droit, il fut reçu avocat au parlement mais n'exerça pas sa charge. Il préféra se consacrer à la poésie et la littérature. Ses

La statue du poète toulousain Godolin, œuvre des sculpteurs Alexandre Falguière et Mercié (1898), orne le bassin du square Lafayette, au centre de la place Wilson. Gravée sur le socle de sa statue, cette phrase en occitan : « *Nourrisson de Toulouse, il me plaît de maintenir son beau langage et capable d'exprimer toutes sortes de conceptions ; et pour cela digne de se parer d'un panache de qualité et d'estime.* »

œuvres, écrites en occitan, furent réunies dans un recueil, *Le Ramelet Moundé* (*Ramelet Moundi. Le Bouquet de Toulouse* en français), édité en 1617-1621 – 1637-1648. Ses protecteurs, le duc Henri de Montmorency et Adrien de Montluc, assurèrent son entretien et sa subsistance. Godolin eut le bonheur de rencontrer Molière à Toulouse en 1645 à l'occasion d'une représentation théâtrale.

Son texte destiné à *Moussurs les Bourgeses de Toulouso* est savoureux :
« *Messieurs les Bourgeois de Toulouse.*
Dans le même temps que je salue humblement les grands personnages de la Bourgeoisie, je les prie de toujours assister, en ma faveur, à l'une des libéralités de la ville. En ce qui les concerne, je jurerai que l'injure des ans n'offensera jamais leurs noms représentés dans des pierres, des livres et des tableaux et beaucoup mieux encore par leurs mérites. Comme paiement de tant de courtoisie, je leur adresse un très grand merci que je garde dans le tiroir de mon cœur et je leur en donne la clé. Ainsi, ils commanderont à mes pensées de ne recevoir que la volonté de les louer pour les servir.
Le très obéissant et très humble, Godolin. »

Dama Clemensa, la légendaire, apparut dans une poésie du XVe siècle. La tradition rapporte que Dame Clémence Isaure fonda la compagnie des poètes et écrivains du Gai Savoir. Trop beau pour être vrai ! L'origine de cette compagnie remonte à 1323 grâce aux souhaits et à la volonté de sept bourgeois toulousains, désignés sous le nom de « Sept Troubadours ». En novembre 1323, ils convoquèrent, sous le laurier du couvent des Augustines, tous les poètes désireux de déclamer leurs œuvres en occitan. Les Sept Troubadours, assistés par les capitouls, décernèrent, au verger du faubourg des Augustins, la première Violette d'or, à Arnaud Vidal de Castelnaudary, le plus brillant poète du moment (3 mai 1324). Les Jeux floraux venaient de naître ! L'Académie des jeux floraux de Toulouse peut revendiquer le titre de plus ancienne académie de France !

La première version des *Leys d'Amors*, codification des règles de la langue et de la poésie occitanes, vit le jour (1328-1377) et la compagnie du Gai Savoir organisa le concours annuel des Jeux floraux. Une « Violette » récompensait l'art noble, une « Eglantine » remarquait les sujets divers (1345) puis un « Souci » fut décerné pour la poésie légère (1351). Une statue féminine « composite » apparut au XVIe siècle. Placée dans la salle du Grand Consistoire du Capitole, elle fut désignée comme étant celle de Clémence Isaure. Les capitouls ne voulant pas révéler au parlement le montant des dépenses afférant aux Jeux floraux, enregistrèrent un mystérieux legs d'une certaine « Dame Clémence ». Un jeu d'écriture et le bouche-à-oreille firent le reste. Clémence Isaure fut enterrée à la Daurade, sous l'autel de Marie, en 1557, à l'âge de 50 ans. Qui était-elle ?

Le consistoire changea son nom en Collège de rhétorique et Académie des jeux floraux en 1694. Les meilleurs poètes occitans étaient couronnés le 3 mai. Un cortège de mainteneurs allait quérir les précieuses fleurs de métal en l'église de la Daurade. Pierre de Ronsard reçut une minerve d'argent (1555). Le Toulousain François Maynard (1582-1646) eut un pallas d'argent (1638). Victor Hugo se vit décerner un lis d'or, en 1819, pour son ode *Rétablissement de la statue d'Henri IV*.

Il obtint ensuite deux amarantes d'or et devint maître ès jeux. Les prix de poésie occitane furent créés à l'Académie des jeux floraux en 1894.

Louis XIV, en 1694, octroya des lettres patentes à l'Académie des jeux floraux et à ses quarante mainteneurs.

Armand Praviel (1904) rend hommage à Dame Clémence :

> « *Des vers ! oh ! je crois bien qu'elle n'en fit jamais !*
> *Seulement, comme vous, Mesdames, elle aimait*
> *L'harmonieux écho des rythmes et des rimes...*
>
> *Clémence Isaure ! ce n'est pas la bonne dame*
> *Qui dans un testament laissa parler son âme :*
> *C'est la voix du sol ancestral ;*
>
> *Cette voix qui frémit sur notre coin de France,*
> *Et dont l'écho, dans les oliviers de Provence,*
> *Fit frissonner le grand Mistral !*
>
> *C'est Toulouse que les violettes couronnent ;*
> *Et sa chanson d'amour que rythme la Garonne,*
> *Quand le crépuscule s'endort,*
>
> *Garde dans ses accents des rumeurs énergiques*
> *Et murmure parfois, durant les nuits tragiques,*
> *Le Sirventès contre Montfort !* »

Sernin Ier (forme contractée de Saturnin), évêque de Toulouse, dénoncé pour avoir prêché l'Evangile de Jésus-Christ, fut sacrifié lorsqu'il refusa d'abjurer son Dieu. Conduit au temple de Jupiter Capitolin, il fut attaché aux cornes d'un taureau. La bête le traîna à travers les rues de la ville. La narration de Grégoire de Tours est édifiante :

« La cité de Toulouse avait commencé à avoir pour premier évêque saint Saturnin dont la foi et les mérites firent cesser dans la ville les oracles des démons qui y étaient honorés. Leurs mensonges furent dévoilés, leurs artifices furent découverts, et à mesure que la foi chrétienne se développa, leur puissance auprès des gentils et leur faux prestige ne firent qu'en décroître. [...]

Ce dernier passait fréquemment devant le Capitole et c'est la vue de cet homme qui effrayait les dieux. Voilà pourquoi ils restaient silencieux. Il n'y avait qu'un moyen de les apaiser : c'était de hâter la mort de l'évêque. (Selon les mots d'un ennemi de la religion catholique.)

Tandis que les prêtres se concertaient, une grande multitude se réunit et prépare un taureau pour le sacrifice. [...] *Or, à ce moment, Saturnin passait par là pour se rendre à un office religieux. Du groupe de ces énergumènes, quelqu'un le reconnaît de loin et s'écrie :* "Voici l'ennemi de notre religion, le porte-étendard de la nouvelle secte, celui qui enseigne qu'il faut détruire nos temples, celui qui condamne nos dieux. [...] Il vient à propos pour qu'on en finisse avec lui. [...] Obligeons-le, maintenant, à sacrifier pour apaiser les dieux ou sinon à mourir pour que sa mort, du moins, leur soit agréable." *Entraînée par cette voix sacrilège, la troupe entière des insensés entoure le saint homme.* [...] *Il est traîné vers le Capitole.* [...] *Le taureau qui avait été préparé pour le sacrifice va servir d'instrument à leur cruauté. Ils passent une corde autour de ses flancs et la laissent pendre par-derrière pour y attacher les pieds du saint homme. Puis on pique le taureau qui s'élance du haut du Capitole. Dès les premières marches, la tête se brise en laissant échapper la cervelle, tous les membres de son corps sont lacérés...* »

La légende conte que l'animal s'arrêta à l'angle de la rue du Taur et de la rue des Pénitents Gris. Sernin (Saturnin) fut inhumé par les deux saintes Puelles à cet endroit précis. Une église y fut érigée, dédiée à saint Saturnin. Elle prit au XVIe siècle le nom de Notre-Dame-du-Taur.

Comédien et metteur en scène, **Laurent Terzieff** est né à Toulouse le 27 juin 1935, d'une mère céramiste et d'un père sculpteur, d'origine russe. Laurent Terzieff a voué sa vie au théâtre et a tourné des films pour le cinéma où il fut dirigé par Buñuel, Clouzot, Godard, etc. Il est décédé le 2 juillet 2010.

Oc, occitan

« Vous pouvez arracher l'homme du pays, mais vous ne pouvez pas arracher le pays du cœur de l'homme. » (John Dos Passos)

Tolosa l'Occitane.

Le royaume de France au XVIe siècle se partageait entre la langue d'oïl, au nord du territoire, et la langue d'oc parlée dans le sud. De nombreux patois les composaient. Le latin était utilisé pour l'écrit. L'apprentissage de la lecture se faisait en latin.

L'occitan est un néologisme créé par la chancellerie française royale qui conserva 550 mots hérités du latin.

L'occitan, très prisé aux XIIe et XIIIe siècles par les troubadours, les incita à adopter une langue commune, la *koinê*. L'occitan était, avec le latin, la seule langue écrite. Les premières grammaires occitanes apparurent, dont les fameuses *Règles de Trobar* par Jofre de Foixa. Les *Leys d'Amor* consignèrent les règles orthographiques et phonétiques de la langue romane, en 1356. Rochegude justifie : « Lorsque, à la fin du XIIIe siècle, on divisa la France en deux langues, tous les pays dont les peuples disaient hoc pour "oui" furent compris dans cette langue d'oc, en latin Occitania. C'est dans cette grande partie qu'ont fleuri les troubadours. »

Au balcon du Capitole, le drapeau occitan flotte aux côtés des drapeaux français et européen.

La croisade contre les Albigeois (1208-1229) porta un coup fatal à la langue occitane.

Le roi François Ier encourage la simplification du français. Il signe l'ordonnance de Villers-Cotterêts en août 1539. Des 192 articles conçus par le chancelier Poyet, il faut retenir ceci : les registres de baptême et de décès seront tenus à jour par les curés, les confréries de métiers sont supprimées, les procédures criminelles seront écrites. Et le français remplace le latin dans tous les documents officiels. La pratique de l'occitan est donc interdite et il est ordonné d'utiliser la langue française dans tous les actes judiciaires et administratifs.

Honorat propose dans son dictionnaire provençal-français (1840-1846) un système orthographique proche de celui utilisé par les troubadours. Puis est rédigé le *Dictionnaire français-occitanien* de Louis Piet (1893-1894). Frédéric Mistral fonde le félibrige le 21 mai 1854 avec sept poètes provençaux. Ils fixent la langue occitane écrite perdue depuis l'édit de Villers-Cotterêts.

Dès 1896, les Languedociens reprennent et modernisent la graphie des troubadours sur les bases des travaux de Joseph Roux. L'Escola occitana d'Antonin Perbosc et Prosper Estieu, fondée en 1919, poursuit cette tâche. La Société d'études occitanes vulgarise la graphie en 1930. Louis Alibert rassemble les graphies des troubadours antérieures aux différenciations et publie, en 1925, une grammaire occitane de 500 pages fondée sur le languedocien ; il la perfectionne en 1935. L'Institut d'études occitanes, créé à Toulouse en 1945, améliora ses principes.

L'occitan est partout à l'honneur.

La création de l'Escola occitana eut lieu chez le baron Désazars, le 6 juillet 1919, en son château d'Avignonet. J.-Rozès de Brousse, l'un des sept fondateurs, narre : « *Il y avait là Estieu, avec sa barbe michel-angelesque et sa flamme éloquente, Perbosc avec son silencieux et fin sourire, Praviel avec toute sa jeunesse et sa foi, F. de Gélis avec sa raideur et sa conscience militaires, François Tressère avec un brin de mimosa aux lèvres, le baron Désazars et le signataire de ses lignes, ce qui faisait sept... comme les sept de Fonségugne.* »

Intéressons-nous plus particulièrement à l'un de ces ardents défenseurs de la langue occitane. Le poète toulousain Armand Praviel (1875-1944). Venu au monde à L'Isle-Jourdain, ce fils de notaire fit ses études chez les Jésuites, au Caousou, puis à la faculté de droit. Il consacra sa thèse de doctorat à

La Criminalité de l'enfance en 1900. Il épousa, en secondes noces, l'actrice toulousaine Cécile Gardénal. Journaliste à Paris et à Toulouse (*L'Express du Midi, La Garonne, Le Correspondant, La Revue hebdomadaire, Le Mercure de France*), maître ès Jeux floraux, il fonde *L'Echo méridional* (1895) et la revue littéraire *L'Ame latine* (1897). Féru d'histoire, il consacra de nombreux ouvrages à sa ville, à la poésie, aux drames et tragédies du passé : *La Ville rouge : Toulouse capitale du Languedoc, Toulouse, ville de briques et de soleil, L'Empire du Soleil* (1909), *La Tragédie de la Méduse* (1934), *L'Assassinat de M. Fualdès* (1922), *La Deuxième Marie-Antoinette, L'Incroyable Odyssée de Martin Guerre, La Fin tragique du prince impérial, Les Secrets de la Brinvilliers, Les Poèmes mystiques* (poésie, 1900), *Tragédie du soir* (poésie, 1901), *Le Cantique des saisons* (poésie, 1913), *La Ronde des cygnes* (poésie), *Marthe et Marie* (théâtre), *Jolie Provençale* (opéra-bouffe), *L'Hôte imprévu* (drame en un acte), des pièces radiophoniques : *Une soirée chez Louis Deffès* et *Liszt à Toulouse, Péché d'aveugle* (roman), *Anthologie du félibrige* (1909), *Histoire anecdotique des Jeux floraux* (1924), *Anthologie des Jeux floraux* (1924), etc.

Pédauque
« Patte d'oie »

Une femme enflamma l'imagination populaire du temps où Toulouse était la capitale du royaume wisigoth (413-508).

Austris, la fille de Marcellus, cinquième roi de Toulouse, fut assimilée, par les historiens de la Renaissance, à Pédauque, autrement dit *Pé d'aouco* (Pied d'oie), personnage mythique ayant le pied droit palmé.

Nicolas Bertrand rapporte : *« Fils aîné du roi Thabor, Marcellus, homme austère et cruel, lui succéda. Il avait une fille unique nommée Austris, aussi pleine de douceur qu'il l'était lui-même de rudesse. Elle brillait tant par sa modestie et sa bonté, que le peuple toulousain l'entourait de vénération. Dieu ne voulut pas qu'une créature aussi vertueuse embrassât le culte païen, aussi lui envoya-t-il une lèpre hideuse. Austris dissimula ce mal affreux en se recouvrant de lin fin et de pourpre. Ayant ouï parler des vertus et des miracles des saints Saturnin, Martial et Antoine l'appaméen*

En son logis, la reine Pédauque possédait une quenouille merveilleuse qui, en dépit d'un travail incessant, ne s'épuisait jamais...

(*Saint-Antoine de Pamiers*), *elle recueillit leurs doux et salutaires enseignements. Elle fit appeler Martial et les autres saints hommes et demanda à la vertu du Crucifié qu'ils prêchaient, de lui rendre la santé, moyennant quoi elle recevrait le baptême. Elle reçut en effet le divin sacrement avec une piété fervente et fut guérie, mais elle tint sa cure secrète. Secrètement aussi, elle se mit à adorer le Christ en un lieu isolé, car elle craignait la colère de son père. Sa santé se raffermit de plus en plus à mesure qu'elle se vouait davantage au culte de Dieu. Elle se passionna pour la grande et miraculeuse mission de Saturnin et de Martial, dont elle prévoyait le martyre.* »

Quel est le rapport entre le « pied d'oie » et la lèpre ? Il est avéré que la lèpre entraînait des affections cutanées importantes pouvant ressembler à un surplus de peau réunissant les orteils entre eux comme les pattes des palmipèdes. La patte d'oie devint la marque distinctive des lépreux au Moyen Age. Plus tard, elle désigna les « cagots », prétendument descendants de lépreux.

L'historien Noguier développa la version suivante : « *Quand Austris chercha un lieu loin du tumulte pour ses oraisons, elle le trouva à Saint-Cyprien. Le roi Marcellus capta une source, construisit un aqueduc pour conduire l'eau en ce lieu où fut bâti le palais de Peyrolade. Malheureusement, le roi Marcellus et la reine Austris sont des personnages mythiques.* […] *D'autres disent que c'était la reine Pedaouco.* » (N.D.A. : Le château de Peyrolade fut édifié par les Romains, en vis-à-vis de Toulouse, sur la rive gauche de la Garonne.)

Rabelais assure que la reine Pédauque était très populaire à Toulouse. Il évoque certaines femmes : « *Elles étaient largement pattées comme sont les oies et comme jadis, à Toulouse, les portait la reine Pédauque.* »

Noël du Fail, seigneur de la Hérissaye (vers 1520-1586), indique dans ses *Contes et Discours d'Eutrapel* : « *De mon temps, on jurait à Toulouse "par la reine Pédauque".* »

L'abbé Chabanel, curé de la Daurade, démontra que Ragnachilde, épouse de Théodoric III, était la reine Pédauque. Il écrivait en 1621 : « *Elle avait ordinairement les pieds dans l'eau comme les oysons, et prenait plaisir à se baigner.* »

Frédéric Mistral, dans son *Trésor du félibrige*, rappelle une légende où la reine Pédauque possédait une quenouille merveilleuse qui, en dépit d'un travail incessant, ne s'épuisait jamais.

Pédauque est enterrée dans l'église de la Daurade.

QI

« De omni re scibili, et quibusdam aliis » (De toutes les choses qu'on peut savoir, et même de plusieurs autres)

Eglise de la Dalbade. Couronnement de la Vierge.

L'étudiant Michel de Montaigne (1533-1592), futur auteur des Essais, déambula dans ces rues.

Les facultés de Paris (théologie, droit, médecine), protégées à la fois par le roi et le pape, avaient accueilli les maîtres les plus réputés, les plus grands intellectuels du temps. Ne disait-on pas *« l'université de Paris est le Fleuve de science qui arrose et féconde le terrain de l'Eglise universelle (Honorius IV), la lampe qui resplendit dans la maison de Dieu (Alexandre IV), fait de la ville une nouvelle Athènes, le Concile perpétuel des Gaules »* ? En Europe, la concurrence était rude. Le pape Honorius III créa l'université de Toulouse le 19 janvier 1217. Elle fut dotée en 1229, grâce au comte Raimond VII. Un traité de la même année imposait au comte le paiement, pendant dix ans, de quatorze maîtres : quatre en théologie, deux en droit canon et civil, deux en grammaire et six en arts libéraux.

Organisée par le pape Innocent IV, en 1245, l'université réunissait les facultés de droit, de médecine, de théologie et des arts libéraux. Les cours étaient dispensés par les professeurs dans les couvents, les salles publiques louées ou prêtées pour l'occasion. Le collège Saint-Raymond (1403), le collège de Périgord (1360), le collège de Foix (1457), en tout une vingtaine d'établissements, sont installés pour héberger les étudiants les plus pauvres grâce à la générosité de riches donateurs. Le cardinal Pierre de Foix lègue, à la faculté, la bibliothèque qu'il avait acquise de l'antipape Benoît XIII.

Fondée en 1229 par Raymond VII, la faculté de Toulouse réunissait les facultés de droit, de médecine, de théologie et des arts. Les cours étaient dispensés par les professeurs dans les couvents ou dans des salles publiques louées pour l'occasion. Le parlement, en 1515, imposa aux capitouls, pour les classes de droit, la construction de *« trois vastes classes qu'on appelle Etudes »*.

Jardin de l'Arsenal, université des sciences sociales.

Michel de Montaigne (1533-1592), l'auteur des *Essais*, étudia à la faculté. Sa mère, Antoinette de Louppes, Toulousaine de naissance, avait épousé, en 1529, Pierre Eyquem, seigneur de Montaigne.

Les sociétés savantes s'étaient multipliées. Rivalz avait créé une école de dessin (1726). Fermée faute de moyens (1735), elle put rouvrir grâce à Guillaume Cammas et Pierre Lucas (1746) qui la transformèrent en société des Beaux-Arts. Louis de Mondran obtint la caution royale (1750) et la société devint Académie royale de peinture, sculpture et architecture.

Loménie de Brienne fut à l'origine de la création d'une bibliothèque ouverte au public en 1782.

Une école de musique fut fondée en 1821 et le conservatoire créé en 1826.

Riquet
Histoire d'eau

L'ingénieur Pierre-Paul de Riquet (1604-1680), protégé de Colbert, conçut le canal du Midi reliant Toulouse à l'étang de Thau et l'Atlantique à la Méditerranée. Riquet obtint du roi la seigneurie du canal ainsi que la jouissance de la ferme des gabelles en Languedoc et en Roussillon (un arrêt du Conseil d'Etat du 6 juillet 1669 confirme l'adjonction faite à Riquet des ouvrages du canal et du port de Sète).

Pierre-Paul Riquet, baron de Bonrepos, était né à Béziers dans une famille florentine issue des Arighetti (ou Riquetti) établie en Provence au XIIIe siècle. Propriétaire de terrains au pied de la Montagne noire, Riquet étudia le système hydrographique de la région afin de mettre en place l'irrigation. Il se pencha sur le projet d'un canal et conçut un plan très précis qu'il soumit à Colbert.

Le roi Louis XIV, dans un arrêt du 27 mai 1665, confiait à Riquet la construction du canal royal du Languedoc. Il fut bâti entre 1666 et 1681 afin de relier Toulouse à Sète et, par la Garonne, joindre l'Atlantique à la Méditerranée.

Péniches sur le canal du Midi.

Louis XIV voyait là un moyen de contourner Gibraltar. « Le canal des Deux-Mers », long de près de 250 km, comportait 20 bassins, 72 écluses, des aqueducs et des étangs. Douze mille personnes participèrent à cette réalisation. Le canal royal de communication des Deux-Mers, dit canal du Midi, contournait Toulouse pour rejoindre la Garonne en aval de la chaussée du Bazacle, au port de l'Embouchure. Les travaux furent financés par l'Etat, les états du Languedoc et Pierre-Paul Riquet lui-même. L'inauguration des travaux eut lieu à Toulouse, le 17 novembre 1667. Riquet suivit de près les chantiers et investit 5 millions de livres dans la construction. Il mourut avant de voir l'achèvement de sa grande œuvre.

Le dôme de la Grave vu depuis l'écluse Saint-Pierre.

Le canal de Brienne.

Le canal du Midi fut prolongé jusqu'à l'Atlantique par le canal latéral à la Garonne sur 193 km. Une loi du 22 avril 1832 décida de la création d'un canal latéral. La construction et l'entretien des ouvrages furent attribués au sieur Doin. La loi fut révisée en juillet 1835. Quelques atermoiements plus tard, après le rachat des pièces du projet initial, les travaux débutèrent. Ils s'échelonnèrent de 1838 à 1856. Le canal latéral à la Garonne fut inauguré et ouvert à la navigation dès 1856.

Le canal du Midi, le canal de Brienne et le canal latéral convergent vers le port de l'Embouchure où ils mêlent leurs eaux. Le petit canal de Brienne (ou canal Saint-Pierre) était destiné à relier la Garonne au canal du Midi. Il fut creusé (de 1768 à 1776) afin de contourner l'obstacle de la chaussée du Bazacle (voir « Urbanisation »).

Le mur du bassin de l'Embouchure est orné d'un bas-relief en marbre blanc de Carrare réalisé par le sculpteur François Lucas (1775). Ce bas-relief figure l'alliance de l'Océan et de la Méditerranée. Au centre, une femme drapée (représentant l'Occitanie) montre du doigt le canal (sous les traits d'un homme barbu menant une barque, voilure au vent). A l'opposé, la Garonne (portant une corne d'abondance) guide un petit génie tirant une paire de bœufs symbolisant la prospérité.

Stade Toulousain
Une institution

Toulouse, la terre rugby !
Il vient pourtant de loin ce jeu d'équipe tant prisé des hommes du Sud-Ouest. L'Antiquité révéla sa forme primitive avec les Grecs et les Romains. Au cours des siècles, il fut repris lors de joutes rurales disputées entre villages. L'Italie le connut sous le nom de *Calcio*, la France de *Soule*, le pays de Galles de *Cnapan* et l'Irlande de *Hurling*. Mais, c'est à Rugby, dans une *public school* britannique, qu'il fut initié par l'Irlandais William Webb Ellis, en 1823.

A Toulouse, des camarades de classe, internes du lycée Pierre de Fermat, se regroupent pour jouer ensemble au rugby en 1893. L'équipe s'appelle les Sans Soucis. Les externes, quant à eux, choisissent l'appellation « Stade Toulousain », en 1894. Les deux groupes de jeunes gens devenus universitaires fusionnent, en 1896, sous la bannière du Stade Olympien des Etudiants de Toulouse, le SOET. *« Le siège, si l'on peut dire, était un hangar dans la cour d'une modeste épicerie voisine. »*

Vive le Stade Toulousain !

Ici, on célèbre le rugby dès le plus jeune âge.

Nous plantions les poteaux, nous dessinions les lignes, et nous nous habillions comme nous pouvions », confiait Paul Voivenel (1880-1975). Un terrain improvisé sur la prairie des Filtres accueille l'équipe des lycéens toulousains et celle du Stade Bordelais en 1895. Résultat final : 0 à 0.

« La prairie des Filtres est au rugby ce que les tréteaux de Molière sont au théâtre. Cette prairie située sur les bords de la Garonne, du côté gauche qui est le côté populaire avec les fameuses "Turres" qui désignent en languedocien les mottes de terre durcies et irrégulières plutôt impropres à une bonne pratique. C'est là que des fils de notables venus des villages étudier dans la Cité Rose se livrèrent des batailles acharnées autour d'un ballon ovale dont les rebonds déconcertaient les paisibles pêcheurs de la Garonne », précisait Robert Barran (1918-1978), champion de France de rugby en 1947, capitaine du Stade Toulousain. Georges de Caunes, inconditionnel du Stade Toulousain, écrivait : *« Le rugby est une affaire de famille. C'est l'occasion de régler, de village à village, tous les conflits style Montaigut et Capulet. Une rencontre Stade Toulousain-TOEC valait, à l'époque, son pesant de moustaches. »*

Premier président du Stade Toulousain, Ernest Wallon, professeur de droit, assisté de Charles Audry, professeur de médecine, lança, en 1907, une souscription de 60 000 francs afin d'acquérir un terrain de 7 hectares sis aux Ponts-Jumeaux, près du port de l'Embouchure, au bord du canal latéral à la Garonne. Ernest Wallon fait don des 10 000 premiers francs. Le club de rugby opte pour le nom Stade Toulousain après son implantation sur le terrain Ernest Wallon. Le siège social est domicilié au 15 de la rue Lafayette. Les Amis du Stade Toulousain, enseignants à l'Ecole vétérinaire de Toulouse, se constituent en association et gèrent les installations. La nouvelle structure permet l'organisation de compétitions avec les équipes étrangères. Le 19 avril 1908, le Stade Toulousain reçoit l'équipe du comté de Leicester et lui inflige une défaite 23 à 12.

Le Stade dispute sa première finale face au SBUC bordelais le 4 avril 1909 sur son terrain des Ponts-Jumeaux. Le Stade Bordelais Université Club remporte la finale 17-0.

Le Stade Toulousain remporte son premier titre de champion de France grâce à sa victoire sur le Racing-Club de France (8-6), en avril 1912. Il est sacré pour la dixième fois en mai 1989. Victorieux de Cardiff, à l'Arms Park, 21-18 après

Ballon ovale aux couleurs du Stade (DR.)

prolongation, le Stade Toulousain est le premier champion d'Europe de l'histoire en 1996.

L'ailier néo-zélandais Mike O'Callaghan rejoint le Stade Toulousain au début des années 1970. Il est le premier All Black à venir jouer en France.

Le terrain Ernest Wallon ferme ses portes soixante-treize ans après son inauguration (mai 1980). André Brouat prononce un émouvant discours d'adieu : « *La longueur et la puissance des sursauts ont ici surgi du plus profond de ton être. La passion ne rejoint le plaisir que dans des lieux d'élection.* » Le Stade Toulousain s'installe aux Sept Deniers dans un complexe de 10 hectares, en 1982. Le stade est officiellement rebaptisé Ernest Wallon le 19 décembre 2004. Le Stade Toulousain compte seize titres de champion de France.

> « *Il faut bien qu'on s'aime*
> *Pour ainsi s'entasser, s'emmêler,*
> *Se peloter, se pelotonner, s'estirgousser,*
> *Se tâter la viande et le poil,*
> *Se goûter le sang, la sueur,*
> *Se partager l'haleine, s'estifler,*
> *S'espanler dans le tas*
> *S'escargasser, s'estirampeler le maillot,*
> *Les oreilles, la peau, le cuir, l'os,*
> *S'estravirer dans la gafogne,*
> *S'écharougner un peu partout :*
> *Il faut bien qu'on s'aime.* »
>
> Pierre Présumey

Club omnisports, le Stade Toulousain compte 2 500 licenciés pratiquants en tennis, rugby, volley, athlétisme, base-ball, natation... dont 450 rugbymen ! Entreprise emblématique : 28 millions d'euros de budget, un stade de 18 000 places. « *Le stade, on y va comme on va à l'Opéra ou à l'Orchestre national du Capitole* », assure René Bouscatel.

Toulousaine
« O Toulouse ! »

Les carrières de pierre faisant défaut, au XVIIIe siècle, les maisons citadines de Toulouse furent construites en brique d'argile cuite. Des galets de Garonne, scellés par du mortier, s'intercalaient en lignes horizontales entre les rangées de briques. La « toulousaine », maison basse typique, construite dans les faubourgs, gagna le cœur de la cité. Elle se développa, prit de la hauteur. Il n'est pas rare de trouver derrière les façades de briques apparentes un coquet jardin pourvu d'une chartreuse et d'un pigeonnier de même facture. Un règlement urbain du 15 juin 1783 obligea les propriétaires à blanchir leurs façades. La ronde des crépis et badigeons de toutes sortes s'adapta aux époques jusqu'à ce qu'elle fasse long feu. Aujourd'hui, la terre cuite a retrouvé ses lettres de noblesse et c'est heureux. L'origine de l'argile offre un éventail de teintes rose, rouge, jaune, ocre… La toulousaine possède un attrait architectural indéniable qui fait d'elle le symbole de la région.

Il est une autre Toulousaine que nous ne saurions ignorer.

Louis Deffès mit en musique, en 1844, un poème écrit en langue d'oc par Lucien Mengaud. *La Toulousaine* fut exécutée pour la première fois le 30 avril 1845, au Capitole.

Refrain : « O moun pays ! O moun pays ! O Toulouso, Toulouso ! Qu'aymi tas flous, qu'aymi tas flous, toun cel, toun soulel d'or ! Al prep de tu, al prep de tu l'âmo sé sent huroso. E tout ayssi é tout ayssi ayssi réjouis le cor. E tout ayssi, é tout ayssi me réjouis le cor. O moun pays ! O moun pays ! O Toulouso, Toulouso ! Qu'aymi tas flous, toun cel, toun soulel d'or ! »
« O mon pays ! O mon pays ! O Toulouse, Toulouse ! J'aime tes fleurs, j'aime tes fleurs, ton climat enchanteur ! Auprès de toi, auprès de toi l'âme se sent ravie. Tout en ces lieux, tout en ces lieux nous réjouit le cœur. O mon pays ! O mon pays ! O Toulouse, Toulouse ! J'aime tes fleurs, ton climat enchanteur ! »

1er couplet : « Que you soun fiér de tas a cadémios, des mounumens qu'or non nostro citat ! De toun renoum é dé tas pouésios E de toun cant despey loutens citat ! Aymi tabès nos tro lengo gascouno. Que tant nous douno que tant nous douno de gayetat ! »
« Que je suis fier de tes académies, des monuments ornant notre cité ! De ton renom et de tes poésies, et de ton chant depuis longtemps cité ! Oh j'aime aussi notre langue gasconne qui toujours donne qui toujours donne franche gaieté ! »

La brique d'argile cuite donne sa couleur à Toulouse.

2e **couplet :** « Oh ! qu'aymi pla da tas brunos grisettos lé tin flourit, lé souriré malin, lour pel lusén, lours poulidos manétos, lours poulits pès é lour regard taquin ! En las bésen moun cor se rebiscolo etpey s'enbolo, etpey s'enbolo tout moun chagrin. »
« *J'aime surtout de tes brunes grisettes le teint fleuri, le sourire malin, leurs beaux cheveux, leurs mains gentillettes, leurs pieds mignons, puis leur regard taquin ! Quand je les vois, mon âme se console, alors s'envole, alors s'envole tout mon chagrin.* »

Les couleurs du Midi chantent dans ses rues…

3ᵉ couplet : « A tous entours l'herbo semblo pus fesquo, le parpaillol a maytos de coulous, tous fruits y soun douces coumo la bresquo, é tous pradèls soun claoufidis de flous, dé tous bousquéts you récerqui l'oumbratgé e lé ramatgé é lé ramatgé des aouselous. »

« *Sous ton beau ciel tes fleurs sont plus vermeilles les papillons ont plus belles couleurs, les fruits plus doux que le miel des abeilles et tous tes prés sont émaillés de fleurs, dans tes bosquets on entend sous l'ombrage tendre ramage, tendre ramage sons enchanteurs.* »

4ᵉ couplet : « De tous guerriés doun la noble benjenco flasquec courber plega le froun des Sarrasis, de ta fiértat e de l'independenço que tout tens regnet dins le pays. Oh ! soun pla fier de ma bilo tant belo que tant rappélo, que tant rappélo de soubenis. »

« Gloire aux guerriers dont la noble vaillance faisait courber le front du Sarrasin, soyons jaloux de cette indépendance que de tout temps aima le Toulousain. Oui, je suis fier de ma ville si belle qui me rappelle, qui me rappelle nos grands destins. »

Urbanisation

« Construire, c'est collaborer avec la terre, c'est mettre une marque humaine à un paysage, qui en sera modifié à jamais. » *(M. Yourcenar)*

Les premiers témoignages d'urbanisation sur la rive droite et la courbe de la Garonne sont contemporains de l'an 215 av. J.-C. Des populations barbares s'y seraient sédentarisées. Établi par les Tectosages, originaires de la forêt de Bohême, un modeste village fut réorganisé par une garnison romaine (118 av. J.-C.) avant d'être conquis par les Wisigoths (vers 413). Il s'était doté d'un rempart le long de la Garonne vers 275. Capitale du royaume wisigoth (413-508), Toulouse subit la domination des Francs après la victoire de Vouillé. Ausone (310?-395), professeur de rhétorique à la chaire de Bordeaux, poétisait : « *Jamais je ne t'oublierai, Toulouse, ma nourrice, qu'une muraille de briques entoure de son immense enceinte et dont le côté est léché par le beau fleuve de Garonne.* » Cette muraille était dotée de tours et percée de portes reliant le *cardo maximus*. Un grand nombre d'ensembles monumentaux sortirent de terre. Un noyau urbain s'implanta autour de l'église

Il n'est de ville sans quartiers…

De la muraille de brique des origines à la capitale d'une région.

Tout est beauté sous le riant ciel toulousain.

Saint-Sernin. Une nouvelle enceinte fixa les limites de la ville au XIIe siècle. Le boulevard Armand Duportal a conservé d'imposants vestiges du rempart protégeant le bourg à partir du XIIe siècle, reconstruit au XIVe siècle. Les quais de la Garonne sur lesquels se mirent les reflets confondus du couchant et du fleuve furent érigés au XVIIIe siècle.

A l'origine, on franchissait le fleuve, à l'époque des basses eaux, par un gué, le Bazacle (du latin *vadaculum* : petit gué). Sur les berges, le comte de Toulouse et le prieur de la Daurade firent installer des moulins à nef. Ils furent transformés en moulins terriers à la fin du XIIe siècle. A l'extrémité de l'île de Tounis, les moulins du château Narbonnais, dotés de 240 meules, sont les plus importants d'Europe. Une dizaine de moulins, dits bladiers, se chargeaient des farines de céréales, les autres broyaient le pastel, foulaient les draps. Neuf amidonneries, cinq tanneries, deux moulins à papier et carton furent implantés, jusqu'en 1787, le long du canal de fuite du Bazacle. Le 12 novembre 1888, le conseil d'administration du Bazacle accepta la création d'une société pour l'exploitation de l'électricité à Toulouse. En 1889, le Bazacle abrita une centrale électrique. Le site EDF Bazacle regroupe aujourd'hui une centrale hydroélectrique, une passe à poissons et un espace d'exposition.

Clément V, en 1308, eut l'idée de doter sa ville d'un pont capable de résister aux inondations de la Garonne. Une tour de pierre, dite de Cabriolz, utilisée pour surveiller les passages sur la Garonne, se dressait près du pont couvert dont

Il fallut bien franchir le fleuve…

il subsiste une arche sur la rive gauche du fleuve, contre l'hôtel-Dieu. La tour abrita à partir de 1554 le bureau du grand maître des ports et passages pour les sénéchaussées de Haut-Languedoc, Armagnac et Rouergue.

Le 11 juin 1541, le roi François Ier autorisa les capitouls à construire un pont de pierre et de briques. La première pierre de la première pile, sur la rive droite du fleuve, fut posée en 1544. Les travaux, interrompus en 1560 en raison des troubles religieux, reprirent en 1576. Le pont Neuf fut achevé en 1661. Le pont Neuf fut doublé par les ponts Saint-Michel et Saint-Pierre (1840).

Les hommes eurent tôt fait d'utiliser ce pont pour de sinistres besognes ! Comment ne pas évoquer la *gabio* régulièrement descendue depuis le pont Neuf dans la Garonne ? La *gabio*, la cage, emprisonnait une maquerelle repentie devant Saint-Etienne. Vêtue d'une chemise couvrant sa nudité, la malheureuse avait traversé la cité assise à rebours sur un âne, un casque orné de plumes et de clochettes fiché sur la tête. Un écriteau autour du cou précisait « *Maquerelle publique* ». Arrivée au pont Neuf, elle était placée dans la *gabio* et immergée dans le fleuve. Ses accusateurs remontaient la cage lorsqu'ils le jugeaient bon, libéraient la suppliciée à demi noyée et la conduisaient *manu militari* à l'hôtel-Dieu où elle expiait ses fautes à perpétuité. Les capitouls ne plaisantaient pas avec les mœurs : « *Autrefois à Toulouse, les femmes débauchées étaient obligées de porter une aiguillette sur l'épaule pour marque d'infamie* », rapporte le *Dictionnaire de Trévoux* (1732).

Le pont Saint-Pierre remplaça, en 1988, l'ancien pont suspendu. Les vestiges du pont de la Daurade (du XIIe au XVIIe siècle) sont encore visibles le long de l'hôtel-Dieu Saint-Jacques.

L'hôtel-Dieu Saint-Jacques fut constitué par la réunion de l'hôpital Sainte-Marie et l'hôpital Nouvel. Une charte d'Alphonse Jourdain mentionne l'emplacement de deux bâtiments : l'hôpital de Sainte-Marie (1130-1140) et un hôpital fondé par Roger et Bertrand de Novel, en 1225. Il fut cédé à la confrérie Saint-Jacques qui en assura la gestion à partir du XIIIe siècle. Une donation de Bertrand de Saint-Geniès, prieur de la Daurade, élargit cette possession en 1257. Un hospice destiné à accueillir les pèlerins en marche vers Compostelle et un hôpital pour malades furent édifiés en 1299. Les deux édifices furent réunis en 1560, puis reconstruits en 1674. Une trentaine d'institutions charitables furent rattachées à l'hôtel-Dieu au XVIe siècle, lui donnant ainsi sa superficie définitive. Il abrite le **musée des Instruments de Médecine des hôpitaux de Toulouse** (2, rue Viguerie). Un millier d'objets et d'instruments utilisés dans plusieurs disciplines de la chirurgie sont associés à des objets usuels de la vie hospitalière.

La première **Trésorerie royale** (ou Maison du Roi) fut créée à Toulouse en 1271, lors du rattachement du comté à la couronne de France. Le roi Louis XI y séjourna en 1463. Un édit du roi Henri II, en 1552, concéda le titre de « Maison des trésoriers de France » à l'édifice, ainsi que l'hérédité de leur charge. Le temple protestant, inauguré le 1er novembre 1911, occupe une partie de l'ancienne Trésorerie, à l'angle de l'impasse de la Trésorerie et de la place du Salin.

La Monnaie (La Moneda) de Toulouse dont le bâtiment serait aujourd'hui circonscrit par la rue des Azes, la place du Salin et la rue des Fleurs, a frappé monnaies carolingienne, comtale et royale jusqu'en l'an 1837. Transformé en caserne, l'hôtel de la Monnaie fut démoli en 1857.

L'Ecole vétérinaire, édifiée entre 1832 et 1835 par l'architecte Laffon, fut démolie en 1964.

Louis de Mondran, l'homme providentiel, eut une vision prodigieuse en matière d'urbanisme pour Toulouse. Il élabora un ambitieux programme d'aménagement qu'il présenta à l'Académie des arts en 1752 : « *Qu'on bâtisse des manufactures, et que la ville donne des secours à ceux qui entreprendront de les faire valoir; qu'on élève des magasins, des fontaines publiques, qu'on aligne les rues, qu'on rebâtisse dans le meilleur goût les portes de la ville, le palais, le Capitole, le tribunal du présidial que menace une ruine prochaine, celui des marchands, les académies, l'université, les collèges, en un mot tous les édifices publics ; qu'on fasse des quais, des ports, des promenades ; enfin qu'on entreprenne sur un plan longtemps examiné, approuvé et autorisé, d'embellir et décorer la ville ; voilà tous les arts occupés et occupés pour longtemps. La ville changera bientôt de face, les étrangers s'y plairont, l'amour du travail y naîtra, un grand commerce s'y établira, l'opulence y entrera ; et nos descendants loueront à jamais le zèle de leurs pères et imiteront d'âge en âge leur politique et leur sagesse.* »

Il n'est de ville sans quartiers. L'agglomération toulousaine n'échappe pas à cette constatation.

Le **quartier Saint-Sernin**, haut lieu de l'institution universitaire, creuset des activités intellectuelles, regroupait collèges, facultés, bibliothèques, librairies.

Le **quartier des Carmes** et son célèbre marché doit son nom à un couvent aujourd'hui disparu. « *Depuis le Moyen Age, c'est là et dans les rues voisines qu'étaient réunis les espasiers, taillandiers, espéronniers, couteliers et razoriers, corporation qui était propriétaire de la chapelle de Saint-Eloi, de l'église de la Dalbade, sur laquelle les marguilliers et ouvriers de la paroisse n'avaient aucun droit.* »

Le **quartier Saint-Etienne**, enroulé autour de sa cathédrale dédiée au premier martyr chrétien, jouit d'une des plus vastes places de la cité, ceinte par d'admirables édifices dont le palais des archevêques de Toulouse. La construction du palais archiépiscopal fut entreprise par Jean-Baptiste-Michel Colbert de Villacerf, fils du ministre Colbert et archevêque de Toulouse (1693-1710). D'après les plans de Charles d'Aviler, architecte des états du Languedoc et architecte du roi, le palais fut terminé en 1713. Durant la Révolution, il abrita l'évêque métropolitain du sud, Sermet. Le directoire du département s'y installa en 1799. Napoléon Ier, le 27 juillet 1808, l'attribue à la préfecture du département. De remarquables bâtiments des XVIIe et XVIIIe siècles méritent notre attention : l'hôtel de Cambon (n° 14) où le vicomte de Chateaubriand fut accueilli en 1838 par le comte de Castelbajac ; l'hôtel du conseiller au parlement François-Raymond de Maran ; l'hôtel de Louis de Froidour, grand maître des Eaux et Forêts de Languedoc et Gascogne (n° 8) ; l'hôtel du capitoul Jean Catel (n° 6). D'admirables demeures parent la rue Croix-Baragon : l'hôtel

Bonfontan (n° 41), l'hôtel Thomas de Montval (n° 22) construit avec les éléments de l'hôtel Jean de Pins (1470-1537), l'hôtel de Castellane (n° 10), la Maison romane (XIIIe siècle).

Le **quartier « du commerce et des affaires »** autour des quais de la Daurade et de l'hôtel d'Assézat était dévolu à l'activité économique. Commerçants, artisans et pasteliers y établirent la prospérité toulousaine. L'hôtel de Nupces, bâti en 1716 par Jean-Georges de Nupces, est des plus remarquables (15, rue de la Bourse). Nombre de rues portent le nom des métiers d'autrefois : apprêteurs de draps (rue Paradoux), blanchisseurs de cuir (rue Blanchers), changeurs (rue des Changes), chaudronniers (rue Peyrolières), couteliers, orfèvres (rue des Filatiers), marchands, pourpointiers (rue des Tourneurs), agneliers (rue Tripière), *affachadours* ou bouchers (rue et place Mage), etc. Les étals des poissonnières couraient près de la Garonne et du pont Neuf dans la descente de la halle aux poissons.

Le **faubourg Saint-Cyprien** devait son nom à un ancien sanctuaire conservant les reliques de saint Cyprien et de sainte Justine, martyrisés en 304 près de Nicomédie.

Violettes
Violas parmensis

Il est dit qu'un soldat toulousain revenant d'Italie rapporta des plants de violette de Parme dans sa besace. Il les planta. Ils se multiplièrent et furent à l'origine de la culture dans la région toulousaine.

La *Viola parmensis*, violette de Parme, est une violette odorante à fleur double, bleu lavande pâle, marquée au centre d'une tache blanche. Son parfum particulier et accusé a contribué à son succès.

Héphaïstos, le dieu du Feu, offrit un bouquet de violettes à Aphrodite pour gagner son amour, conte la légende !

Ici, autrefois, les bouquetières vendaient d'odorantes violettes.

Ces délicates fleurs inspirent le poète :

« Des cœurs humbles je suis l'emblème,
De tout faste, je hais l'orgueil,
Ma fleur couronne le cercueil,
Et fuit l'éclat du diadème.

Je reçois partout bon accueil,
Mon parfum est de ceux qu'on aime,
En mon calice, on trouve même
Une larme pour chaque deuil !

Je dors dans un berceau de mousse
D'où s'exhale la senteur douce
De ma corolle de satin

Et quand la nuit revêt son voile,
Je souris à la blanche étoile
Qui se cache avec le matin. »

La Violette
(Madame Gelade.)

Au Moyen Age, avec le jus et le suc des violettes, on obtenait un sirop et une huile violat qui soignaient *« les gorges chargées, les maux de tête et les foies capricieux »*. Anthony Askham, en 1550, préconisait dans son *Petit Herbier* : *« Faites prendre aux malades qui ne peuvent dormir un bain de pieds jusqu'aux chevilles dans une eau où l'on aura fait bouillir des violettes, et lorsqu'ils iront se coucher, attacher de ces plantes sur leurs tempes et ils dormiront bien par la grâce de Dieu. »*

La *Viola semperflorens*, la plus cultivée des violettes, est utilisée en médecine, confiserie et parfumerie. On la reconnaît au bleu violet de ses pétales et à sa longue tige d'une dizaine de centimètres qui se prête à la composition de bouquets et décorations.

La culture de la violette de Parme est attestée au nord de Toulouse, à Saint-Jory, vers l'an 1850. Jusqu'en 1907, les producteurs vendaient leurs bouquets au coin des rues. Une coopérative de producteurs de violettes fut fondée en 1907 à Toulouse et le marché de gros aux violettes s'installa dans la salle des Jacobins. Le bouquet de violettes s'exporta à l'étranger. Un train composé de trois wagons emplis de bouquets partait chaque jour pour Paris. De là, les fleurs étaient acheminées vers la Russie, la Hongrie, l'Allemagne et l'Autriche. Des dispositions particulières furent prises par la compagnie des chemins de fer afin de livrer les violettes à Londres en moins de vingt-quatre heures. La première guerre mondiale amorça le déclin de ce négoce. La production diminua jusqu'à la seconde guerre mondiale. Centre de production d'essence de violette, Toulouse misa à grand renfort de publicité sur le succès de la « violette de Toulouse » des années 1920 à l'après-guerre. Sachez qu'il faut 100 kg de fleurs pour obtenir 50 g d'essence de violette !

Un Toulousain cristallisa les fleurs de violette vers la fin du XIXe siècle. Cette spécialité originale ajouta à sa renommée.

Quelques producteurs ont relancé la culture de la violette depuis les années 1980. Une multitude de produits dérivés est proposée : parfum, savon, bougie, encens, liqueur, bonbons, gommes à la violette pour soulager la toux, thé, etc.

Recette des violettes de Toulouse cristallisées

Attention, toutes les variétés de violettes ne sont pas comestibles. Ne pas utiliser des fleurs traitées avec des pesticides et des produits chimiques.

Laver les fleurs et les égoutter. Battre un blanc d'œuf en neige et enduire les fleurs avec cette préparation. Tremper les fleurs dans du sucre glace et les disposer sur une plaque recouverte de papier sulfurisé. Glisser la plaque dans le four préalablement tiédi et laisser sécher durant dix minutes. Retirer du four et laisser refroidir.

Marmelade de violettes

Laver 1,5 kg de violettes, les broyer au mortier. Faire cuire 3 kg de sucre à 38 degrés Baumé, verser sur la pulpe de violettes, bien malaxer. Ajouter à la préparation 500 g de marmelade de pommes et mélanger l'ensemble. Faire chauffer et donner quelques bouillons avant de retirer du feu. Laisser refroidir. Mettre en pots.

Wagons
... en tous genres

Les capitouls s'inquiétaient déjà au XVIIIe siècle de la circulation dans Toulouse : « *Défendons aux cochers d'insulter qui que ce soit, d'user de menaces ou de voies de fait, pour faire descendre ceux qui seront dans les carrosses, à peine de 24 heures de prison et de 50 livres d'amende. […] Faisons de très expresses défenses aux porteurs de chaises d'insulter, menacer ou maltraiter les cochers de places ou de faire des cris et des huées après eux, sous peine d'être arrêtés sur-le-champ, de huit jours de prison. […] L'établissement de carrosses de louage ne réussit pas. […] Je puis vous certifier que de pareilles tentatives échoueront toujours dans cette ville, elle n'est ni assez peuplée ni assez riche pour les comporter. Le commerce n'y a point encore introduit assez de mouvement, ni une circulation assez considérable, ni une population suffisante pour la rendre susceptible de ces agréments et de ces commodités.* »

Une semaine de diligence était nécessaire pour relier Toulouse à la capitale. Les temps allaient changer… Des solutions furent trouvées…

Les premiers transports en commun furent mis en place grâce à deux lignes d'omnibus reliant les Minimes à Saint-Michel et les boulevards à la Patte d'Oie (1836). La ligne de chemin de fer Bordeaux-Sète passa par Toulouse en 1856. Emile Pereire (1800-1875) et son frère Issac (1806-1880) prirent les commandes de deux trains le 22 avril 1857. L'un partit de Bordeaux, l'autre de Sète. Ils se retrouvèrent en gare de Toulouse. La jonction était faite ! Un débarcadère avait été implanté à la hâte en 1854 à Matabiau. Le premier bâtiment réservé aux voyageurs fut inauguré le 29 août 1856 avec l'arrivée du chemin de fer. Les agrandissements se succédèrent jusqu'en 1873. Toulouse fut reliée à Paris et Auch (1867) puis à Tarbes (1877). La gare Matabiau fut construite de 1903 à 1905.

Une fois n'est pas coutume, un mode de déplacement nous vint d'Angleterre : le chemin de fer urbain à traction électrique. Le premier tramway à traction animale expérimenté relia Gloucester à Cheltenham (1809). L'ingénieur français Loubat ouvrit à Paris, en 1832, la ligne Concorde-Pont de Sèvres. Eugène Pons, minotier à Auterive, obtint la première concession et organisa la première ligne de tramway et omnibus de Toulouse en 1863 : l'omnibus « à impériale » ! Le réseau comprenait trois lignes desservies par des voitures à traction hippomobile, attelées de deux ou trois chevaux. 1,4 million de trajets furent comptabilisés en 1868. Cet homme avait de l'audace. Directeur des tramways toulousains, il avait pensé et organisé son entreprise de A à Z. Eugène Pons décédé en 1871, son fils Firmin, ingénieur diplômé de l'Ecole centrale des arts et manufactures, poursuit l'œuvre paternelle. Le tramway hippomobile Ripert voit le jour en 1882.

A l'angle de la rue.

Un réseau de rails est mis en place (1887). Le tramway sur rails est inauguré le 31 juillet 1887. Les motrices Jeumont tractaient les wagons Nivelles célèbres en Belgique. Firmin Pons implanta un réseau électrifié en mai 1906. L'électricité était produite par la propre centrale à charbon de l'affaire familiale. Il employait quantité de personnel pour l'administration, des ouvriers dans les ateliers de traction mécanique, l'usine de force, les forges, des peintres, des charrons, des menuisiers, des bourreliers, des tailleurs, des paveurs, des maçons, mais aussi les wattmans et les contrôleurs. Firmin Pons organisa de grandes festivités avec l'ensemble de son personnel à l'occasion de sa promotion dans la Légion d'honneur (4 août 1910) puis les « Noces d'or. 12 avril (1863-1913) » des tramways toulousains. Les transports étaient sa passion. Lorsque l'avion fit son apparition, Firmin Pons invita un aviateur à relever un double défi : tenir en l'air pendant deux heures et atteindre l'altitude de 2 000 mètres ! Monsieur Pons offrait 500 francs si le premier exploit était accompli, et le journal *La Dépêche* donnerait 500 francs pour le second. Marcel Brindejonc des Moulinais décolla du terrain d'entraînement du Stade Toulousain aux Ponts-Jumeaux, le 12 novembre 1911, vers 15 heures. Après une heure de vol, le jeune homme largua des publicités au-dessus de Toulouse. Un des prospectus se plaqua sur l'entrée d'air du carburateur et le moteur s'arrêta… L'avion atterrit dans un champ du quartier des Minimes… Le pilote s'en tira avec quelques bosses.

X
Qui suis-je ?

Mon parcours : Avocat général au parlement de Toulouse, naturaliste, minéralogiste, inspecteur des mines, professeur d'histoire naturelle à l'Ecole centrale de Toulouse, professeur à l'Ecole des mines de Paris, professeur à la faculté des sciences de Toulouse (1811), maire de Toulouse de 1800 à 1806, élu mainteneur de l'Académie des jeux floraux (1806), premier président du conseil général de Haute-Garonne, secrétaire perpétuel de l'académie de Toulouse (1807), je suis fait baron d'Empire et chevalier de la Légion d'honneur le 1er mars 1808.

Aîné d'une famille nombreuse, je suis né le 20 octobre 1744 à Toulouse. Je fais mon droit et obtiens une charge d'avocat général (1768). J'épouse, en 1772, Marie de Sacaze de Saint-Béat. La fortune de ma femme et l'héritage reçu d'un de mes oncles en 1775 me permettent de me consacrer à l'étude de l'histoire naturelle. En 1789, je suis sollicité pour rédiger les cahiers de doléances de l'ordre de la noblesse de la sénéchaussée de Toulouse. Je publie, la même année, *De l'administration diocésaine en Languedoc pour servir d'instruction aux députés de cette province aux Etats généraux*. Le district de Toulouse me nomme président de son administration en 1790.

Mon père, Jacques, est capitoul, avocat aux requêtes près le parlement de Toulouse de 1769 à 1777. En vertu de l'ordonnance du sénéchal de Toulouse du 17 octobre 1781, il est anobli et reçoit les titres de seigneur de Buissaison, de Lapeyrouse et celui de Belloc. Mon frère Etienne-Guillaume Picot de Bazus est général de division. Mon frère Jean-Baptiste Picot de Buissaison est chef de bataillon des gardes suisses au château de Versailles.

J'ai publié entre autres ouvrages : *Mémoires d'histoire naturelle : Description de quelques crystallisations, Histoire naturelle du Lagopède, Description de quelques plantes des Pyrénées* (1774-1778), *Description de plusieurs nouvelles espèces d'orthocératites et d'ostracites* (1781), *Traité des mines et forges à fer du comté de Foix* (1786), *Histoire des plantes des Pyrénées* (1791), *Figures de la flore des Pyrénées avec des descriptions* (1795), *Tables méthodiques des mammifères et des oiseaux observés dans le département de la Haute-Garonne* (1799), *Monographie des saxifrages* (1801), *Histoire abrégée des plantes des Pyrénées et itinéraire des botanistes dans ces montagnes* (1813). Je suis décédé le 18 octobre 1818.

Je suis Philippe-Isidore Picot de Lapeyrouse.

Une certaine idée de la perfection…

Yearling
De La Cépière et de son hippodrome...

Toulouse possédait, depuis 1616, l'une des premières écoles d'équitation créées en France. Devenue l'Académie d'équitation, elle organisa en 1784 une course de chevaux dans le manège installé près de la porte Montgaillard. Les premiers concours de chevaux à Toulouse eurent lieu au pré des Sept Deniers, le 25 juin 1765, à l'initiative de riches Anglais. Près de 30 000 personnes rejoignirent le lieu de rendez-vous au-delà de l'Embouchure, précise un mémorialiste. « *Les dames furent régalées à l'ombre des tentes avec profusion de délicatesse, [...] des spectateurs moins prévoyants que les autres n'eurent pour tout rafraîchissement que l'eau du canal ou de la rivière.* »

Depuis la fondation de la Société d'encouragement (1833), des courses de chevaux furent organisées un peu partout en France. Cette année-là, au Boulingrin (actuel jardin du Grand Rond), Toulouse offre des pistes aux jockeys et voit fleurir ses premiers paris particuliers. Le Boulingrin (du nom anglais *bowling-green*, pelouse pour jouer aux boules), jardin ovale réalisé entre 1752 et 1754, était dû à la volonté de Louis de Mondran. Il fut rebaptisé en 1862 jardin du Grand Rond. Ses pelouses, ses vastes allées ombragées, son grand bassin ceinturé de superbes ormeaux (1762) ne pouvaient qu'enchanter participants et spectateurs. A compter de 1847, les réunions de courses eurent lieu d'ordinaire sur le vaste terrain du Polygone d'Artillerie, au nord de la route de Lombez.

La Société des courses de Toulouse, fondée le 25 avril 1856, signa son premier bail de location d'un terrain avec le propriétaire du domaine de La Cépière en 1866. Ce terrain, futur hippodrome, est sis à l'extrémité du faubourg Saint-Cyprien, immédiatement après le passage à niveau de la ligne d'Auch. Bon an mal an, le site se dote de tribunes, d'une première travée d'écuries. Le pari mutuel est installé. Deux réunions au printemps et deux fin juin ou courant juillet sont officialisées. Une sixième journée de courses, fixée en octobre à l'époque des achats d'étalons, est créée en 1899.

Les prix du Ministère pour anglo-arabes sont courus, pour la première fois sur l'hippodrome de La Cépière, en octobre 1921. Le dernier dimanche d'octobre 1924, c'est au tour du prix de l'Elevage d'attirer les foules. Les demandes affluent de toutes parts. Le lieu est prisé.

Durant l'automne 1928, une tentative d'organisation de vente de yearlings est testée à La Cépière. « *Ces ventes n'ont sûrement pas la prétention de lutter avec celles de Newmarket ou Deauville, mais ceux qui en ont eu la pensée ont cru rendre service à l'élevage régional et aussi aux propriétaires qu'un prix raisonnable pourra tenter.* » (G. Lamarque.)

Dès 1833, des courses de chevaux furent organisées au Boulingrin.

L'hippodrome de Toulouse fait déjà référence : « *Sous les tribunes sont installés les services et bureaux du pari mutuel, ainsi que le restaurant, le téléphone et l'infirmerie. A leur extrémité sont situés le rond où l'on peut examiner les concurrents avant les départs et, plus loin, les écuries et le box du salivarium. A côté, un pavillon normand abrite la salle du pesage, les vestiaires séparés des gentlemen et des jockeys, le salon des commissaires et le bureau de presse : l'ensemble est élégant, peigné et fleuri à souhait. La pelouse installée autrefois de l'autre côté des pistes, vis-à-vis des tribunes du pesage, a été transportée sur un terrain plus sain et mieux aménagé derrière les écuries.* »

La transformation et la réfection des pistes en 1947 contribuent à l'organisation de parcours provinciaux des plus sérieux. Une piste plate gazonnée, une piste de steeple-chase gazonnée, une piste en mâchefer pour trotteurs, une piste d'entraînement sablée et une autre en mâchefer voient le jour.

Le terrain de La Cépière, espace vert de 34 hectares, est racheté par la Ville de Toulouse qui le loue à la Société sportive des courses (1964). L'entraînement quotidien des chevaux, l'entretien des 15 kilomètres de pistes, du manège, des paddocks, de l'aire de promenade offerte au public, du salivarium, des divers bâtiments font de l'hippodrome de La Cépière une entreprise à part entière.

Le 21 septembre 2001, l'explosion de l'usine AZF plonge Toulouse dans le chaos. Une grande partie de la ville est dévastée. La population, hagarde, meurtrie, blessée, endeuillée, fouille les décombres. L'hippodrome n'est pas épargné. Courageux, les Toulousains apprivoisent leur chagrin, pansent leurs plaies. Le cycle des saisons poursuit son inexorable course. L'herbe reverdit, le ciel se pare de bleu et l'hippodrome offre à nouveau la quiétude de son îlot de verdure aux visiteurs.

Zinc
Cafés, bars...

Un petit noir ou une liqueur de violette ?

Les Toulousains sont catégoriques : les cafés du centre-ville étaient, jusque dans les années 1950, les plus beaux de France ! On comptait alors plus de 2 000 établissements dans la cité des violettes. L'avenue Lafayette, ouverte pour faciliter la circulation entre le cœur de la ville et les nouveaux quartiers, devint vite le rendez-vous des promeneurs. Les cercles, les restaurants, les grands cafés, les établissements dévolus à la vie nocturne et autres lieux de plaisirs s'y rassemblèrent afin d'offrir une diversité propice aux festivités impromptues. Le célèbre glacier-confiseur Antoine Albrighi, médaillé d'argent lors de l'Exposition de 1865 pour la qualité de ses pâtisseries, voyait accourir les foules. Il se disputait la clientèle avec le non moins fameux Grand café des Américains, lui faisant face (fermé en 1970). Celui-ci proposait, à toute heure du jour et de la nuit, des animations originales et variées sur « *la plus belle terrasse du monde* ». Un témoin rapporte : « *Les cafés à musique ont sauté de plain-pied sur les boulevards et n'en veulent sortir, ni le jour ni la nuit. [...] Jusqu'au carrefour Bayard, l'animation est particulièrement grande à l'ouest. Les terrasses des cafés et des restaurants s'y multiplient : l'Albrighi, le restaurant Michel, le Grand café et hôtel Sion, la brasserie Louis et bien d'autres encore.* »

Vers le centre, on jouait au poker à La Comédie, à la belote au café des Arcades ou au Tortoni. Les rues avoisinantes virent fleurir les bars de jour, les dancings et les boîtes de nuit : La Plantation, Le Speakeasy, Le Paprika, Le Chantaco, L'As de Cœur, Le Père Louis, fondé par Louis Simone rue des Tourneurs et célèbre pour son quinquina, Chez Elle, le café de la Paix, L'Oasis, la brasserie-restaurant du Père Léon créée par Léon Sentenac (1905). Louis Petit ouvre, en 1933, le café Bellevue. Les joueurs de billard se donnaient rendez-vous au café Paul. Au début du XXe siècle, un hôtelier renommé de la place Wilson, Bibent, implanta un Grand café portant son nom à l'angle de la place du Capitole et de la rue Saint-Rome. Il fit décorer l'intérieur de son établissement de stucs et d'or dans le pur style Belle Epoque. Son plafond baroque est de toute beauté. Ce petit joyau a conservé tout son charme et reste, de nos jours, l'une des curiosités de la place du Capitole.

Les gens chics s'installaient au Lafayette, au bar du Grand hôtel Tivollier ou au Florida à l'ambiance 1900. Ils poussaient la promenade jusqu'au Palladium, au Cristal-Palace lancé par Lamaze, au Grand café Barrié au coin de la rue Bayard, au Grand hôtel et café Sion inauguré en 1901. Ses vastes salles décorées par les peintures de Gervais et de Jognarelli accueillaient « *un orchestre de très bonne classe. Dirigé par le chef Serge, il offrait un choix de neuf cent vingt-sept morceaux, allant du grand opéra aux danses modernes. [...] Pour la joie de quelques étudiants d'avant-garde, il y avait un embryon de jazz. C'était au propre et au figuré, la seule dissonance du Sion [...]* ». Gratien Leblanc relève, quant à lui : « *Un jazz restreint donne une note plus jeune et une clientèle plus libre, une atmosphère plus détendue.* »

Dans les années 1930, un dancing fut aménagé dans le sous-sol du Père Léon. Un orchestre y jouait à demeure. Le King's Club inaugura sa cave à jazz.

Du même auteur

Uzerche, historique, Nouvelles Editions Latines, 1981.
D'ombres et de lumière, CIPAF, Grand prix de l'œuvre, 1991.
Les Mots noctambules, CIPAF, 1992.
La Coccinelle bleue, CIPAF, 1995.
Amélie, princesse de France, reine de Portugal, Editions Atlantica, 1996.
Neige écarlate, Editions APL, 1996.
L'homme qui écoutait pousser les fleurs, Nouvelle Pléiade, 1998.
Les Oubliées de l'Histoire, Editions Atlantica, 1999.
Amélie de Portugal, Editions Atlantica, 2000.
La Tsarine martyre, dernière impératrice de Russie, Editions Atlantica, 2001.
La Chine impériale, histoire des dynasties, Editions Atlantica, 2002.
Autrefois Toulouse, Editions Atlantica, 2002.
Le Démon bleu du tsar. Katia Dolgorouky, l'épouse du tsar libérateur, Editions Atlantica, 2003.
Autrefois Carcassonne, Editions Atlantica, 2003.
Wallis la magnifique! L'extraordinaire destin de la duchesse de Windsor, Editions Atlantica, 2004.
Autrefois Albi, Editions Atlantica, 2004
Autrefois Lourdes, Editions Atlantica, 2005.
Valeureuse Pologne, Editions Atlantica, 2005.
Eva Perón, la révolutionnaire, Séguier, 2005.
Autrefois Montpellier, Editions Atlantica, 2006.
Rosemonde Gérard. La fée d'Edmond Rostand, Séguier, 2006.
La Marche du destin ou l'icône de Korsun, Editions Atlantica, 2007.
La Merveilleuse Histoire du thé, Editions Atlantica, 2008.
Madame Pouchkine. Les malheureuses amours d'Alexandre Pouchkine, Séguier, 2008.
Le Souffle du chaman, Editions Atlantica, 2010.

Sources et bibliographie

La Gaule chrétienne, Griffe.
Stade Toulousain, un club à la une, L'Equipe.
Stade Toulousain. Un siècle de rugby en rouge et noir, Midi Olympique.
Toulouse, ouvrage collectif, Bonneton, Paris.
Toulouse, capitale occitane, Loubatières.
Bien David D., *L'Affaire Calas*, Eché.
Cau Christian, *Les Capitouls de Toulouse*, Privat.
Chalande Jules, *Histoire des rues de Toulouse*.
Chassaigne Marc, *L'Affaire Calas*, Perrin.
Cousteaux, Valdiguié, *Toulouse hier, aujourd'hui, demain*, Privat.
Coppolani Jean, *Toulouse au XXe siècle*, Privat, Toulouse.
Déjean Jean-Luc, *Les Comtes de Toulouse*, Fayard.
Estèbe Jeanine, *La Saison des Saint-Barthélemy*, Le Centurion.
Fourbil, Barde et Sierpinski, *Le Piéton de Toulouse*, Renaudot & Cie, Paris.
Gorsse Pierre (de), *Les Grandes Heures de Toulouse*, Perrin.
Laget Françoise, Lionel et Serge, *Rugby en toutes lettres*, Editions Atlantica.
Rocacher Jean, *Découvrir Toulouse*, Privat.
Wolff Philippe (sous la direction de), *Histoire de Toulouse*, Privat.